Il Gimmick
L'italiano parlato

di Adrienne

adapted by
Teresa Powell-Smith Bonvecchiato

Hutchinson
London Melbourne Sydney Auckland Johannesburg

By the same author

Junior Gimmick — illustrated by Michel Claude
(French for the 7–9 age group)
Family Gimmick — illustrated by Michel Claude
(designed for family study of the most basic French)

and, the more comprehensive beginner's courses
French in No Time
German in No Time
Italian in No Time
Spanish in No Time

and, for the more advanced student
Le Gimmick — Français parlé
Der Gimmick — gesprochenes Deutsch
El Gimmick — Español hablado

Hutchinson & Co (Publishers) Ltd

An imprint of the Hutchinson Publishing Group

17–21 Conway Street, London W1P 6JD

Hutchinson Group (Australia) Pty Ltd
PO Box 496, 16–22 Church Street, Hawthorne,
Melbourne, Victoria 3122, Australia

Hutchinson Group (NZ) Ltd
32–34 View Road, PO Box 151, Broadway, New South Wales 2007

Hutchinson Group (SA) Pty Ltd
PO Box 337, Bergvlei 2012, South Africa

First published in Great Britain 1984

© Adrienne Penner 1984

Set in IBM Univers

Printed in Great Britain

British Library Cataloguing in Publication Data
Adrienne
    Il gimmick: l'italiano parlato.
    1. Italian language — Idioms, corrections,
    errors
    I. Title
    448.3'421   PC2460

ISBN 091562112

CONTENTS

PREFACE

WHAT IS THE GIMMICK?

An international vocabulary learning method

Perhaps I should begin with what the *Gimmick* is not. It is not a serious scholarly book. It IS the answer to your problems in speaking and understanding Italian — a method of acquiring an international vocabulary. There is a basic vocabulary of words and expressions which is the same in any language. If I go abroad tomorrow, I shall want to use just such material as is found in the Italian, French, German and Spanish *Gimmicks*. Wherever I am, I need to be able to say: 'in jail', 'it's now or never', 'he drinks like a fish', 'a cop', etc. The *Gimmicks* are expressly designed to supply exactly these essentials, and an internationally valid method of learning them — hence, their great success in every country in which they have appeared.

Programmed Italian

This method depends on the arrangement of the material in progressive order of difficulty, and on the grouping of words, for it has been proved that it is far easier to learn three or five associated words at once than to learn them singly. So, I have grouped words which logically go together, including among them colloquial-slang expressions which are the vital element in natural everyday speech. It is up to you which word you prefer to use, and all are important for comprehension, but if you want to speak the language 'like a native', I suggest you concentrate on the colloquial usage, which is marked by *.

Learning a language as it is actually spoken is of the utmost importance in the modern language scene. Once it used to be enough to know a few elementary sentences to enable you to get by in a simple exchange with a shop-keeper or hotelier, but nowadays more and more people from both Britain and America are finding themselves in social situations when they go abroad. Their vocabulary is just not adequate. They are entirely at sea when it comes to conversing in the 'relaxed' idiom of the country. The dictionaries can't help them, seldom being up-to-date and always ignoring in their formal approach the dynamics that make a modern language 'tick'. An executive can more or less cope in business meetings limited to the technical language of his subject, but flounders helplessly in the simplest social context 'after hours'. Several years of academic study of Italian will have resulted in his speaking the language only 'too well': to native speakers he will sound much too stiff, too yesterday, and much of what they say will pass him by.

The solution is simple: make good use of the *Gimmicks*, which can serve as exercise books (with or without a teacher), class books or reference books, and are intended for students of intermediate level with a vocabulary range of 5000+ words.

For the student When using this book to teach yourself, choose your own pace, but stick to it till you reach the end — 50+ new words and phrases a week is a suitable amount. I have omitted all heavy grammatical explanations to give an informal, relaxed approach. The * indicates only that the word or expression is colloquial or slangy, the really colourful ones are grouped at the back of the book in a special section. As I have mentioned this book is intended for students of intermediate level, and the fact that you may initially find it hard going just indicates how antiquated the present system of language teaching is. Don't be discouraged, fluency will rapidly come if you persist, simply because what you are learning is what you need to use and to understand. Students sometimes think their failure to understand the spoken language occurs because the Italians speak 'too quickly'. My answer is that an Italian girl can say 'ho preso un granchio' as slowly as you like, but if you don't know the idiomatic meaning (I made a blunder), you will never understand. The *Gimmicks* are an organized approach to this problem of vocabulary, both in speaking and understanding.

For teachers

A written test should be given after every four pages, and supplementary exercises: dictation, debates, scene-playing, summaries of newspaper articles, etc., are indispensable. Beginners learn quickly, because they start from zero, with everything ahead of them. For more advanced students at intermediate level, the problem is different. Their progress is difficult both for the teacher and for themselves to assess, and they need to make a concentrated effort to increase their scope along the right lines. It is easy to lose sight of the basic fact that not all new words and expressions are of equal value to them. There must be a structured framework to allow them to increase their vocabulary usefully from whatever level they have reached. For beginners, the first words they learn will always include 'tavolo', 'sedia', 'uomo' and so on, but there are priorities at more skilled levels which are just as important. I have broken down the Italian language to allow students to continue in a similar logical progression from a more advanced stage, and so provide the same satisfaction in their improving vocabulary which so pleases beginners. The *Gimmicks* are the first books to offer such vocabulary programming.

The psychology of a people is reflected in the vitality of its language, and the *Gimmicks* attempt to capture just that for the student, the teacher and the translator.

VERBS

The key to any sentence is its verb, which is why an exercise in the most common verbs in daily use — for which it is often difficult to think of the exact equivalent in another language — comes at the beginning of this book.

An asterisk (*) denotes colloquial (a double asterisk (**) emphatically colloquial) usage; a stroke (/), an alternative meaning; and a crossed stroke (≠), an opposite-associated meaning.

Abbreviations used in the English section are: o.s. = oneself, s.o. = someone, stg. = something; and in the Italian: ecc. = etc., q. = qualcuno, q.c. = qualcosa.

VERBI

1. a. **to call up** — telefonare a / chiamare al telefono / fare una telefonata a

   b. **we were cut off** — è caduta la linea / siamo stati interrotti / si è interrotta la linea

   c. **hang up! ≠ pick up!** — riappenda / riattacchi il ricevitore! ≠ stacchi il ricevitore!

   d. **hold on! hold the line!** — resti in linea! / rimanga in linea!

   e. **on behalf of . . .** — da parte di . . . / per conto di . . .

2. a. **things are looking up / picking up** — le cose si aggiustano / le cose vanno meglio / la situazione migliora

   b. **to go wrong / something's gone wrong** — le cose vanno male / storto / di traverso

   c. **to fall through (plans)** — fallire / andare a monte / prendere una brutta piega

   d. **to be wiped out / cleaned out** — essere rovinato da / cacciato via da

   e. **to run into opposition (problems)** — incontrare resistenza / *capitare su un osso duro / *trovarsi i bastoni fra le ruote

3. **I'm fed up / sick of . . . / I've had it** — *sono stufo / *non ne posso più / *ne ho fin sopra i capelli / *sono pieno fino agli occhi / ne ho avuto abbastanza / **ne ho piene le tasche

4. **to borrow (from) ≠ to lend** — prendere a prestito da / chiedere in prestito a ≠ dare a prestito / dare in prestito / imprestare a / *prestare a

5. **to be about to / on the verge of** — essere sul punto di / essere lì lì per / *essere a un pelo da / essere sull'orlo di

6. a. **he's worn out / run down / beat** — non ne può più / è al limite delle forze / non ce la fa più / è sfinito / è stremato / *è a pezzi / è esausto / *è spossato / *è stanco morto / *è sfibrato / ridotto a mal partito /*conciato / malandato / mal ridotto

   b. **to knock oneself out** — stancarsi a / ammazzarsi a

   c. **to look (be) run down** — avere un brutto aspetto / *avere una brutta cera

7. a. **to confide in** — aver fiducia in / confidare in / fidarsi di

   b. **to believe in** — credere in / aver fede in

   c. **to be wary of / leery of** — diffidare di / stare in guardia / sospettare

2

VERBS

1. a. to put off (meetings, etc.) — rimandare / rinviare / differire / aggiornare (la riunione, ecc.)

  b. to call off (class, etc.) — disdire / annullare / sospendere

  c. to procrastinate — procrastinare / *tirare per le lunghe / prender tempo / cercare cavilli (pretesti) / ottenere una dilazione / to stall = rispondere evasivamente

2. a. to be willing to — acconsentire a / esser disposto a / esser pronto a

  b. to be inclined to — essere incline a / propendere per / essere propenso a

  c. to feel like — aver voglia di

  d. to be interested in — avere interesse per / interessarsi di / essere appassionato di

  e. I go for (an idea / suggestion, etc) — io sono per / approvo / è una buona (ottima) idea / l'idea mi piace / sono d'accordo

  f. to suit (to a tee) — andar bene

  g. to look forward to — rallegrarsi all 'idea di / non vedere l'ora di / aspettare con impazienza

  h. ≠ I don't go for it / no dice / count me out / no way / no go — la cosa non mi interessa / sono d'avviso contrario / *non ci sto / *con me non attacca / niente rischi

  i. to be dead set against — essere contro q.c. nel modo più assoluto / opporsi con tutte le forze a

  j. it put me off / turned me off — ciò mi ha scoraggiato / dissuaso / mi ha tolto l'entusiasmo / *è stata per me una doccia fredda / *mi ha tagliato le gambe

3. a. to abide by — attenersi a / cedere / uniformarsi a / ottemperare / seguire / rispettare

  b. to agree with — essere d'accordo con

4. a. to look over / check over — verificare / controllare / esaminare

  b. to go over stg. — rivedere / esaminare / fare il punto / dare una scorsa a

  c. to make sure — verificare / assicurarsi / badare

  d. do it over! — lo rifaccia!

5. to put off / out (light) — spegnere (la luce)

6. to get on (bus) — salire su

7. to point out — indicare / far notare / richiamare l'attenzione su / mettere in evidenza

3

VERBI

1.	a. time is up / over	è ora
	b. to keep good time	essere sempre puntuale / in orario
2.	a. to blow money	*buttare i soldi dalla finestra / sprecare denaro / *avere le mani bucate
	b. to run up bills	contrarre debiti / indebitarsi
	c. to run through money	spender tutto
	d. to waste	sprecare / sciupare
	e. to be broke / down and out / to be on one's uppers	*essere al verde / in bolletta / squattrinato / *senza il becco di un quattrino / non avere una lira / essere sul lastrico / far fatica a (non riuscire a) sbarcare il lunario
	f. ≠ to make money	≠ far quattrini / arricchirsi / *farsi della grana
	g. to make a fortune / a killing	accumulare una fortuna (un capitale) / *fare un buon colpo / *arrangiarsi / *farsi il gruzzolo / ricavare un profitto da
	h. not to be in want, short of money	non essere in miseria / *a corto di quattrini / non trovarsi nel bisogno
	i. to come into money	ereditare denaro / ricevere un'eredità
	j. to put money away	risparmiare / fare della economie / *mettere da parte
3.	a. to look for	cercare
	b. to find out	scoprire / *trovare / informarsi / cercar di sapere
4.	a. to take off (clothes)	togliersi / *cavarsi / *levarsi
	b. ≠ to try on (clothes)	≠ provare / infilare (un vestito)
	c. to have on	indossare / *avere indosso
	d. to be spruced up / dressed up	essere in ghingheri / vestito a festa / indossare l'abito migliore
5.	a. to take off (plane) ≠ to land	decollare ≠ atterrare
	b. coming from	proveniente da / in arrivo da
	c. to stop off at	fare scalo a
	d. to be bound for / to / headed for	essere diretto a / con destinazione / in partenza per
	e. to put on the stand-by list	mettere in lista d'attesa

4

VERBS

1.
  a. to go out / away   uscire / andarsene

  b. to make a trip   fare un viaggio

  c. to see s.o. off   accompagnare q. alla stazione (aeroporto) / salutare (alla partenza) / congedare

  d. to set out   avviarsi / partire / mettersi in viaggio / mettersi in cammino / incamminarsi

2.
  a. to be in charge of   avere la responsabilità de / essere responsabile di / essere preposto a

  b. I'll take care of it   me ne occuperò io / ne avrò cura io / *ci baderò io / farò il necessario / me ne incarico io / ci penso io / *me la vedo io

  c. to carry stg. out   eseguire (un ordine) / mettere in atto / portare a termine / *mandare in porto

  d. to make a point of   impegnarsi / fare in modo di / tener fede a / non mancare di / dare importanza a / aver cura di / sentirsi in dovere di / fare attenzione a / badare a / mettersi di puntiglio a

  e. to intend to   avere intenzione di

  f. to manage / swing etc.   cavarsela / *farcela / portare a termine / riuscire a fare

  g. to fend for oneself   trarsi d'impaccio / cavarsela da solo / provvedere a se stesso / arrangiarsi / *sbrigarsela

3.
  a. they're in / aren't in   sono a casa / ci sono ≠ non sono a casa / non ci sono

  b. to stay in (not go out)   stare a casa

  c. to stay up late   restare alzato (fino a tarda ora) / fare tardi / *fare le ore piccole

4.
  a. to win hands down   vincere facilmente / con la massima facilità

  b. to lick the pants off s.o.   sconfiggere su tutta la linea / battere completamente

5. to pick up   scegliere (con cura) / selezionare

6.
  a. he doesn't have a leg to stand on / it's groundless   non c'è una ragione che regga / non c'è una scusa che tenga / un ragionamento che non sta in piedi, che non è fondato / non ha fondamento

  b. it doesn't make sense   non ha senso / *non significa niente / non ha un significato logico

  c. that has nothing to do with it   non c'entra / ciò non ha nulla a che vedere con / . . .

  d. there is a tie-in   c'è una relazione / un rapporto / un nesso con

7. to wait on s.o.   servire (negozio, ristorante, etc.)

VERBI

1. a. to take part in	partecipare a / prendere parte a
b. to take place	avere luogo / svolgersi / accadere
2. to turn on / go for / attack	attaccare / aggredire / assalire
3. get out ! / get lost !	esci! / va via! / *fila! / levati di mezzo! / *togliti dai piedi!
4. a. think it over!	ci pensi su!
b. to chew stg. over	rimuginare / ponderare / meditare / riflettere su
c. let's talk it over!	parliamone! discutiamone!
5. a. to straighten out / put away	sistemare / riordinare / *mettere a posto
b. ≠ to make a mess	≠ mettere sottosopra / in disordine / scompigliare / buttare all'aria
6. look out! / watch out!	attenzione! / faccia attenzione! / stia attento! / *occhio!
7. a. I can't get over it!	non riesco a capacitarmi / a crederci
b. to be taken aback / flabbergasted	essere preso alla sprovvista / colto di sorpresa sorpreso / *sbalordito / * restare a bocca aperta / senza fiato / *di stucco
8. a. to keep on	continuare a / proseguire / seguitare a
b. to keep the pace up	mantenere il ritmo / la cadenza / non rimanere indietro
9. a. what are you driving at? / aiming at? / hinting at?	dove vuole arrivare? / a che scopo mira? / a cosa allude? / *che vuole?
b. what do you mean?	che intende dire?
c. did I make myself plain?	mi son spiegato bene?
10. a. to wrap up	incartare / fare un pacco
b. to undo	disfare / scartare
11. to break down	guastarsi / rimanere in panne
12. a. to give up	rinunciare / arrendersi / cedere / lasciar perdere
b. to drop out	desistere / ritirarsi (elezioni)
13. to move out ≠ move in	traslocare ≠ entrare (in una casa nuova) / sistemarsi
14. a. to be kept back / fall behind	rimanere indietro
b. to make up (work)	ricuperare il tempo perso / riguadagnare il tempo perduto
c. to make progress	fare progressi / migliorare

VERBS

1. a. **it's up to you / it depends on you**
dipende de Lei / tocca a Lei decidere / come vuole Lei

  b. **we're counting on you / banking on**
facciamo affidamento su di Lei / contiamo su di Lei

  c. **to expect**
aspettarsi / prevedere

2. a. **to come up (agenda, etc.)**
venire all'ordine del giorno

  b. **to bring up stg.**
introdurre nella conversazione / *tirare in ballo / mettere una questione sul tappeto

  c. **to put an idea across**
fare accettare un'idea

3. a. **keep track of it!**
è una cosa da seguire! / da non perdere di vista!

  b. **take this down!**
prenda un appunto! / ne prenda nota! / lo metta a verbale!

4. a. **to figure out / get the hang of / to twig**
capire il senso di / comprendere / afferrare / decifrare

  b. **≠ to mix stg. up**
≠ confondere / far confusione

  c. **to be puzzled by**
essere disorientato da / non capire / *perdere il filo

  d. **to account for**
spiegare / giustificare
that accounts for it = così si spiega

  e. **to have no inkling of**
non avere la più vaga idea di / non avere sentore di / non sospettare

5. a. **leave it out! / skip it!**
lo tralasci! / lo salti! / lo cancelli! / non lo scriva!

  b. **cross it out!**
lo cancelli! / *ci faccia un frego sopra! / ci tiri una riga sopra! / lo depenni! / lo cancelli con un tratto di penna!

  c. **fill it in!**
lo riempia!

6. a. **to cut down on**
ridurre (spese, etc.)

  b. **to cut out**
eliminare

7. a. **to take a look at**
dare un'occhiata a / dare uno sguardo a

  b. **to wink**
chiudere un occhio su / passare sopra a

8. a. **it finally dawned on me**
alla fine mi è venuto in mente che / ho infine capito che

  b. **catch on?**
capisci? / capito? / *ci sei?

  c. **≠ it doesn't sink in**
≠ *non entra (nella zucca)

VERBI

1. a. to call on/visit s.o.
visitare / *far visita a / *andare a trovare

b. to drop in / come over / pass by
fare un salto da / passare da / visitare senza preavviso / inaspettatamente

c. to call for s.o.
passare a prendere q.

d. to pick up s.o.
passare a prendere q. / dare un passaggio a / *prender su / *andare a prendere (con la macchina)

2. a. to take advantage of stg.
approfittare di q.c. / trarre profitto da q.c. / sfruttare q.c.

b. to make the best of things
trarre il miglior partito da / sistemare le cose

c. he takes advantage ...
*lui se ne approfitta / abusa di ...

3. to take up (law, etc.)
occuparsi di / trattare (una questione) / studiare q.c. / intraprendere q.c.

4. a. to take after
assomigliare a / prendere da

b. to tell apart
distinguere / riconoscere l'uno dall'altro

c. to be related to
essere imparentato / legato da parentela con / *della famiglia di

d. it runs in the family
ricorre in famiglia / è di famiglia

5. a. I've run out / I'm short of
non ne ho più / sono a corto di / mi manca

b. to use up
consumare / finire / esaurire

6. to be run over
essere investito / *essere messo sotto da

7. a. to have time off
avere tempo libero

b. to be swamped with / flooded with (work)
essere sommerso da / sovraccarico di lavoro / impegnatissimo

c. ≠to goof off, twiddle one's thumbs
non fare niente / non fare assolutamente nulla / ciondolare / girarsi i pollici / **grattarsi la pancia

d. to get through / finish
finire / terminare / arrivare a capo di

e. to knock off (work)
terminare / smettere di lavorare / smontare

f. to work / toil / drudge / go at it
*sgobbare / mettercela tutta / lavorare duramente e senza tregua / faticare / sudare sette camicie / *sfacchinare / darsi molto da fare

g. to keep one's hand in
non arrugginirsi / mantenersi in esercizio / stare in esercizio / non perdere la mano

h. to take pains to / with
darsi da fare / affannarsi / darsi pena / *fare una fatica da cani

8

VERBS

1. a. to make up (they made up . . .)

riconciliarsi / rappacificarsi / *fare la pace

b. ≠ to have a run-in / a falling-out / to have it out

≠ rompere l'amicizia con q. / essere in disaccordo / attaccar lite / litigare / *vuotare il sacco / *dirsene di cotte e di crude / andare in collera / *arrabbiarsi con q. / offendersi / avere una spiegazione con q.

c. to dish it out

spiattellare q.c.

d. to be mad at / let s.o. have it

essere furioso contro q. / *dare una lavata di capo a q. / *dare una tirata d'orecchi a q. / strapazzare / maltrattare q.

e. to tell s.o. off / to tell s.o. a few home truths

fare una ramanzina a q. / *dire a q. il fatto suo / dire a q. delle verità spiacevoli

f. to get one's Irish up / one's back up

perdere le staffe / irritarsi / impuntarsi / *prendere cappello / farsi salire la mosca al naso

g. a showdown

una prova di forza / un confronto / la fase finale

h. he took it out on her

si è sfogato su di lei

i. to get on well / we get on well

andare d'accordo / siamo in buoni rapporti

j. we hit it off

abbiamo subito fatto amicizia / *siamo subito andati d'amore e d'accordo

k. I took to him

mi è subito piaciuto / *ha fatto colpo su di me

2. a. I must take off / get going / beat it / split

devo andar via / me ne vado / ora corro / scappo / *me la squaglio / mi tolgo di mezzo / *me la svigno / *filo / *taglio la corda / * levo le tende

b. ≠ to go slow / at a snail's pace

≠ andare piano / a passo di lumaca

3. a. to run into s.o. / come across s.o.

incontrare q. per caso / imbattersi in q. / trovarsi faccia a faccia con q.

b. to bump into

capitare addosso a q. / *andare a sbattere contro q.

4. what would you care for?

Che cosa Le piacerebbe? / cosa Le piacerebbe avere? / che cosa prende? / cosa vuole?

VERBI

1. **shut up! / hush up!**	silenzio! / zitto! / *taci! / **chiudi il becco!
2. **to build up (arms)**	aumentare / rafforzare
3. a. **to be down / blue / low**	essere scoraggiato / abbattuto / giù di spirito / *giù di corda / giù di morale / malinconico / triste / depresso
b. **≠ it will cheer you up**	≠ La tirerà su (di spirito) / Le risolleverà il morale
c. **≠ it's a pick-me-up**	≠ mi tira su il morale / è un vero tonico per me
d. **not to feel up to**	non sentirsi (in grado) di fare q.c.
e. **to put a damper on**	scoraggiare / gettare una doccia fredda su
4. **to stand up for s.o. / to back s.o. up**	stare dalla parte di / parteggiare per / sostenere / prendere le parti di / appoggiare / spalleggiare
5. a. **cut them out!**	li ritagli!
b. **tear it up!**	lo stracci!
6. **to provide for**	provvedere per / mantenere / sostentare
7. a. **we'll settle up later**	regoleremo i conti più tardi
b. **we'll settle that later**	lo decideremo / fisseremo più tardi
c. **to settle**	concludere / chiudere una pratica / portare a termine
8. a. **his number's up / he's done for / he's had it**	è in un grosso pasticcio / gliel'hanno fatta / è stato buggerato / raggirato / imbrogliato / è rovinato / **è fregato
b. **you won't get away with it**	non la passerà liscia / non se la caverà / non non riuscirà a farcela / non la farà franca
c. **to see no way out**	non sapere come cavarsela / *non sapere dove battere la testa
d. **≠ to pull through**	≠ cavarsela / salvarsi / tener duro
9. **to feel sorry for**	essere spiacente per I'm sorry for him = mi spiace per lui
10. a. **to be done away with**	abolire / (essere abolito) / sopprimere / far cessare
b. **to hold good**	restare valido / valere

VERBS

1. a. to find fault with — trovare a ridire su / criticare / fare commenti su

b. to run s.o. down / to down s.o. / to tear s.o. to pieces — sparlare di / *parlare male di / denigrare / *tagliare i panni addosso a / rovinare la reputazione di

c. ≠to butter up s.o. / lay it on — adulare / cercare di ingraziarsi / *leccare i piedi a / *lisciare

2. a. to close down / up — *chiudere bottega / cessare ogni attività

b. to sell out — liquidare (liquidazione)

c. to buy up — riscattare

d. to hang on to — mantenere

e. to go into stg. with s.o. / to hook up with — associarsi a / unirsi a / fondersi / riunirsi

3. a. to look up to s.o. — considerare con rispetto / ammirare

b. ≠to look down on — ≠ disprezzare / disdegnare / guardare dall'alto in basso

4. a. to bring s.o. to — rianimare

b. to come to (after fainting) — rinvenire / riaversi / rianimarsi / riprendere coscienza

5. a. to break up (couple) — dividersi / separarsi / rompere con

b. to be estranged from — essere separato da

c. ≠to settle down — sistemarsi / installarsi / mettere la testa a partito

6. a. to break out — scoppiare

b. to bring on / to stir up / trigger / provoke — causare / provocare / generare / dare inizio a / dare il via a / dare l'avvio a / avviare / far scattare / scatenare / suscitare / stimolare / incitare / attizzare / aizzare / istigare

c. to stem from — discendere da / trarre origine da / provenire da / derivare da

d. to come about — sopravvenire / sopraggiungere / accadere inaspettatamente / succedere

e. how did it come about? — com'è successo? / come è accaduto?

VERBI

1. a. to get away (prison, etc.)	evadere / fuggire / scappare / darsi alla fuga / *filare / *tagliare la corda
b. a break out	un'evasione
c. to run away from	prendere la fuga
d. to get off (prison)	venire liberato / essere rimesso in libertà / essere rilasciato
e. to sentence to	condannare a
f. to turn oneself in	mettersi nelle mani di / presentarsi a
g. to throw the book at	infliggere il massimo della pena
h. to land in (jail, etc.)	finire in / andare a finire in (prigione)
2. a. it's bound to	è inevitabile / non si può fare a meno di / *non ci sono santi che tengano
b. I can't help	non posso fare a meno di
3. a. don't dwell on it	non ci pensi troppo / non ci rimugini su
b. to drum stg into s.o. / hammer away	far entrare q.c. in testa a q. forza di battere e ribattere / dire e ridire sempre la stessa cosa
c. it didn't occur to me / dawn on me	non mi è venuto in mente / *non mi è passato per la testa
4. a. try it out!	ci provi! / lo tenti!
b. try it on!	lo provi! / lo indossi!
5. to stand out	spiccare / risaltare / stagliarsi / profilarsi / essere visibile da lontano
6. to cut stg. up	tagliare q.c.
7. a. I don't want to bother you / to put you out	non voglio disturbarLa / importunarLa / infastidirLa / incomodarLa / scomodarLa / *seccarLa / darLe noia / darLe seccature
b. to be very grateful to s.o.	essere grato a / riconoscente verso
c. to do a favour	fare un piacere / rendere un servizio a q.
d. you're welcome to . . .	La prego di venire / è benvenuto se viene . . .
8. a. to give in	cedere / arrendersi a
b. ≠ to stand up to s.o.	≠ resistere / tenere testa a

VERBS

1. a. stick to it!	mantenga la parola! / rispetti i patti! / perseveri!
b. ≠ to back out / go back on	≠ *tirarsi indietro / venir meno ai patti / ritirare la parola data / mancare di parola / ritrattarsi / piantare in asso
c. to pull out / withdraw	far marcia indietro / ritirarsi / cavarsela con abilità
d. to stick stg. out / see stg. through	tener duro / non cedere / non mollare / andare fino in fondo al problema / perseverare / persistere / portare a termine
2. a. to turn out / produce / manufacture	produrre / fabbricare / confezionare / *fare
b. to set up	fondare / creare / avviare / cominciare a esercitare (una professione)
3. a. to take on / hire	assumere / impiegare / salariare / ingaggiare / reclutare
b. to hold down a job	mantenere un impiego
c. ≠ to lay s.o. off / fire / oust / to give s.o. his cards	≠ licenziare / mandar via / congedare / mettere alla porta / *sbattere fuori / *silurare / destituire
d. to be in line for	essere candidato a
e. to have pull in	essere raccomandato / avere degli appoggi
4. to live up to (a reputation) / to be up to scratch	corrispondere alle aspettative / non venire meno a
5. a. to come around to s.o.'s point of view	schierarsi dalla parte di / accogliere il punto di vista di / trovarsi d'accordo con q.
b. to win s.o. over / bring s.o. around	convincere / persuadere q.
c. to talk s.o. out of stg.	dissuadere q. da / far desistere / distogliere da / far cambiare parere a
d. to air out, clarify (situation)	chiarire (la situazione) / eliminare ogni malinteso
6. a. to get even	vendicarsi di / prendersi la rivincita / *tornare alla pari
b. everything evens out	tutto si risolve / si compensa
c. have it in for	avercela con q. / essere in collera con
7. put them down!	li metta giù! / li segni! / li annoti!
8. look it up (dictionary)	lo cerchi (nel dizionario . . .)!

VERBI

1. a. to be gung ho on / to go ape over / flip / be over-keen on

   entusiasmarsi per / andare pazzo per / amare follemente / alla pazzìa / andare matto per q.c. / essere pazzo di q. / *essere innamorato cotto di / essere patito / fanatico / tifoso / incapricciarsi di / infatuarsi di / invaghirsi di / innamorarsi di / *essere tocco / *svitato per

   b. to be delighted

   essere felice di

   c. I'm set on it (are you set on it?)

   ci tengo (ci tiene davvero?)

   d. to jump in

   iniziare con entusiasmo a fare q.c. / iniziare senza pensarci / *buttarsi a capofitto

   e. ≠ not to be much on / not to be one's cup of tea / not to go a bomb on

   non sono per / non sono entusiasta di / *non è il mio cavallo di battaglia / non è il mio argomento preferito / non mi dice niente

   f. I was let down / disappointed / he let me down

   sono stato deluso / mi ha deluso

2. are there enough to go around?

   ce ne sono abbastanza per tutti?

3. a. to do the books

   tenere la contabilità

   b. to make out a cheque (US, check)

   fare / compilare un assegno

4. a. to make room for

   far posto per

   b. to take up space

   occupare (spazio) / *prender posto

5. a. to pass down (a custom)

   trasmettere / tramandare un'usanza

   b. to give stg. away

   dar via q.c. a q. / divulgare

   c. to turn stg. over to s.o.

   passare / cedere q.c. a q.

6. a. to take stg. apart

   smontare / trattare a fondo / analizzare accuratamente

   b. ≠ to put stg. together

   ≠ montare

7. what does it stand for?

   che cosa rappresenta?

8. to look out on (apartment)

   dare su / guardare su

9. to draw up (papers, etc.)

   stendere (contratti, documenti), compilare / redigere

VERBS

1. a. to be a put-up job	essere tutta una manovra
b. to be trumped up	essere pura invenzione / *inventato di sana pianta
c. to buy s.o. off	corrompere q. / comprare il silenzio di q. / tacitare q.
d. to take s.o. in / put stg. over on s.o.	imbrogliare / ingannare / abbindolare / intrappolare / schernire / beffeggiare / farsi beffe di / *infinocchiare / *mettere nel sacco / *farla a / *darla a intendere a
e. to be taken in / had	*essere messo nel sacco / *infinocchiato / imbrogliato / abbindolato da / *caderci
2. a. to break into (house, etc.)	entrare (in una casa) per rubare / svaligiare / scassinare
b. to make off with stg. / swipe / to nick	rubare / *sgraffignare / **fregare / *soffiare / **grattare / portare via / far man bassa di q.c.
3. to turn up / show up / come	arrivare / giungere / presentarsi / capitare all'improvviso / *piombare in casa di / emergere / apparire / *saltar fuori
4. a. to show off / put it on	fare mostra / sfoggio / ostentazione di / mettere in mostra / in risalto / far valere / sciorinare / ostentare q.c. / darsi delle arie / farsi notare
b. it's all put on	è un bluff / sono chiacchiere / ciance / frottole / smargiassate / vanterie / *è tutto fumo
c. to fish for compliments	andare in cerca di complimenti
5. a. to put down (a revolution, etc.)	soffocare / reprimere / schiacciare / domare / sedare (una rivolta)
b. to take over / a takeover	impadronirsi del potere / conquista del potere
6. a. to have a gift for / a knack for	avere disposizione per / *avere il bernoccolo per / avere il dono di
b. to go in for (sports)	dedicarsi a / praticare
c. to have a nose for	avere fiuto per / avere naso per
7. a. what's on? (movie, etc.)	cosa danno? / cosa stanno facendo? / proiettando? / rappresentando?
b. to warm up (rehearse)	esercitarsi / ripetere / provare
8. a. to go through (a difficult period) / have a rough time	attraversare un periodo difficile / *passarsela male
b. to stand for stg. / put up with / tolerate	sopportare / tollerare

15

VERBI

1. a. to quit fooling around / horsing around	smettere di perdere tempo / di fare lo sciocco / *il cretino / *lo scemo
b. to make jokes	scherzare
2. a. it all comes to that / boils down to	tutto si riduce a
b. it turned out to be	si è avverato che / *salta fuori che
3. a. to clean up / scrub	spazzare / pulire (con la scopa) / sfregare
b. to wash up	lavarsi / rinfrescarsi
c. to do the dishes	lavare le stoviglie / *fare i piatti
4. a. just for the fun of it / for the hell of it	per divertimento / per gioco / *per spasso
b. to get a kick out of	divertirsi / prenderci gusto a / provare gusto a
5. hear me out!	ascoltami fino alla fine / in fondo
6. a. to clear stg. up / solve	risolvere un problema / un enigma / trovare una soluzione
b. to put stg. down to	attribuire a / mettere sul conto di
c. to get to the bottom of	andare fino in fondo (a un argomento) / approfondire
7. a. to stand s.o. up	mancare a un appuntamento / *fare un bidone a q.
b. he stood me up	non è venuto (all'appuntamento)
8. to be turned down / to turn down	essere rifiutato / respinto / rifiutare
9. a. don't let it out!	non rivelatelo! / non divulgatelo!
b. ≠ to leak out	cominciare a sapersi in giro / trapelare / filtrare
c. it will come out / it will get out	lo si saprà / sarà rivelato / *salterà fuori
10. without letting up / non-stop	senza interruzione / senza posa / · continuamente
11. to bring out (book etc.)	apparire / essere pubblicato
12. bring it back!	riportatelo! / lo restituisca!
13. a. everything will work out	tutto andrà bene / finirà bene / si sistemerà
b. how did you make out? / well?	come è andata? / come se l'è cavata?

VERBS

1. calm down! take it easy!	si calmi! / si tranquillizzi! / *non se la prenda!
2. a. slow down!	rallenti! / più piano / *piano!
b. to ease up	calmarsi / rilassarsi / distendersi
c. to taper off	diminuire a poco a poco / ridursi / scemare
d. ≠ to step up (production)	aumentare / accrescere
3. a. to touch on (a subject)	abbordare l'argomento / accennare a
b. to go into	approfondire
4. a. to be dead from the neck up	essere totalmente idiota / cretino / stupido
b. not to know beans (a thing) about stg.	non saper nulla di
5. a. to be overcome by	essere vinto da / soccombere a / essere preda di / cadere sotto i colpi di
b. to get carried away / run away with	essere trasportato da
6. a. to be oblivious to	ignorare / non essere al corrente di
b. ≠ to be aware of	essere consapevole / al corrente di
c. to keep in mind	tener presente che / tener conto di
7. to start off / begin / kick off	iniziare / incominciare / fare il primo passo / mettere in moto / mettere in marcia / far partire / avviare
8. a. to cop-out	tirarsi indietro / desistere da
b. to be a cop-out	finire in niente / sgonfiarsi nel finale
9. don't rub it in! drop it!	lasci perdere ! / non insista! / la smetta!
10. to get on (in years)	invecchiare / essere avanti con gli anni
11. to go off	suonare (la sveglia) / esplodere (dinamite) / andare a male (food)

VERBI

1. a. to play / run around	essere un donnaiolo
b. to make a pass at s.o.	fare delle proposte a q. / *flirtare con q.
c. to be madly in love with	essere perdutamente innamorato di / essere pazzo di
2. a. to be fixed up / patched up	essere riconciliato / rappacificato / aver fatto la pace
b. to make up for something / compensate	rimborsare / compensare
3. a. what's up? / what's going on?	che c'è? / cosa succede? / cosa sta succedendo?
b. what's the matter?	cosa c'è? / cosa c'è che non va?
c. what's he up to?	cosa complotta? cosa trama? / *cosa briga?
d. stg.'s up	si prepara qualcosa
4. to be packed / swamped crammed	essere colmo / *pieno da scoppiare / pieno zeppo / stretti come sardine
5. to burn up / down	bruciare completamente / distruggere col fuoco
6. to bear s.o. out	dare ragione a q. / confermare le previsioni
7. the situation calls for (tact, etc.)	la situazione richiede . . .
8. a. to work s.o. over / to beat s.o. up	picchiare / pestare / *spaccare la faccia a q. / **menare
b. to bump s.o. off / kill	*far fuori q. / *fare la pelle a q. / liquidare / uccidere / ammazzare
c. to strike down	atterrare / abbattere
9. where did you dig that up?	dove l'hai scovato? / *pescato?
10. a. to eat in	mangiare a casa
b. ≠to go out	uscire, mangiar fuori = cenare al ristorante
11. to dash off (letter)	scriver due righe / buttar giù
12. a. to let one's hair down	distendersi / lasciarsi andare
b. ≠to be keyed up / uptight	≠ essere teso / agitato / eccitato / avere i nervi tesi / a fior di pelle / a pezzi

18

VERBS

1. a. **to be a push-over (work)**	essere una cosa facilissima / un gioco da bambini
b. **to be a push-over (person)**	essere un sempliciotto / un credulone / *un merlo / *un tonto
c. **≠not to be a push-over**	≠ non lasciarsi convincere facilmente
2. a. **to cheat on s.o.**	ingannare q.
b. **she is cheating on him**	lo inganna / lo tradisce / *gli fa le corna / *lo cornifica / *lui è cornuto
c. **≠to wise up / smarten**	≠ accorgersi / rendersi conto / aprire gli occhi
d. **to keep tabs on s.o.**	sorvegliare / spiare
e. **to keep an eye on / watch**	sorvegliare / tener d'occhio q.
3. a. **to play down (story)**	sdrammatizzare / non far caso a / passar oltre / lasciar cadere / *lasciar perdere
b. **to read more into stg.**	cercare troppo a fondo / cercare delle complicazioni
c. **to make a production out of stg.**	esagerare / fare una montagna di una cosa da niente / non è poi la fine del mondo
d. **to make a fuss**	fare delle storie / fare una scenata / farne una tragedia / *piantare una grana
4. **to be hooked / addicted**	essere drogato / tossicomane / non poter più fare a meno di
5. **to make noise**	far rumore / far chiasso
6. **to be at the expense of**	essere sul conto di / essere pagato da / a spese di
7. a. **to wager on stg.**	scommettere / puntare su / fare una scommessa
b. **I bet /you are on**	scommettiamo!
8. a. **to get involved with**	essere coinvolto / compromesso
b. **to have a hand in (situation)**	*avere le mani in pasta / partecipare al colpo
9. a. **to have no use for**	non aver tempo da perdere
b. **to have time**	trovare il tempo di
10. a. **to make a film / to shoot a film**	girare un film / *fare un film
b. **to star in**	avere un ruolo importante / essere il divo / la diva / la stella / tenere il cartellone
11. **to shake hands**	darsi la mano / stringersi la mano
12. **it isn't done**	non è stato fatto / non si fa

VERBI

1. to make a mistake / an error	commettere un errore / *fare un errore / sbagliare / fare uno sbaglio / *fare una stupidaggi$
2. to have one's hair done	farsi tagliare i capelli / *andare dal parrucchiere
3. a. it made me ... (sad)	mi ha reso ... (triste)
b. I made him do it	gliel'ho fatto fare
4. to make an appointment	fissare un incontro / fissare un appuntamento
5. get rid of it! / throw it out!	se ne sbarazzi! / se ne liberi! / lo getti via! / *lo sbatta via
6. to make stg. to measure	fare q.c. su misura
7. will Saturday do?	va bene per sabato? / Le andrà bene sabato?
8. to make a suggestion	suggerire / proporre / dare un suggerimento
9. to translate	tradurre / fare la traduzione
10. a. that'll do	basterà / andrà bene così / basta così
b. that will do the trick / it's just what the doctor ordered	questo andrà bene / farà l'affare / è proprio quello che ci vuole
11. a. to do harm	far danno / fare del male
b. ≠ it will do you good	≠ Le farà bene / Le farà cambiare idea
12. a. to cook, prepare the meal	cucinare, preparare il pasto / *far da mangiare
b. to eat	mangiare / nutrirsi / *rimpinzarsi
13. a. you had better	farebbe meglio a / sarebbe meglio che
b. she would make a better wife than ...	lei sarebbe una moglie migliore di ...
c. to have to, must	dovere / essere tenuti a / *aver da
d. should	dovrebbe
14. a. make like ...	faccia come se / faccia finta di
b. to play along with s.o.	collaborare / cooperare con / fare il gioco di / assecondare q.
c. to make believe	far credere

VERBS

1. a. **make up your mind!**	si decida!
b. **she changed her mind**	ha cambiato parere / idea
2. **stop making faces!**	smettila di fare smorfie! / di arricciare il naso! / *di fare quella faccia!
3. a. **to make fun of s.o. / to laugh at s.o.**	prendere in giro q. / farsi beffe di q. / canzonare q. / ridere di q.
b. **to make a fool of oneself**	rendersi ridicolo / *dare spettacolo
4. a. **to do business**	fare affari / avere rapporti di affari con
b. **what does he do for a living?**	di cosa vive? / *di cosa campa? qual'è il suo mestiere?
c. **to deal with**	avere a che fare con / trattare con
5. a. **to go shopping**	fare spese / compere / acquisti /
b. **to run errands**	fare commissioni
6. **to sweat stg. out**	prendersela con pazienza
7. **to write up (a write up)**	fare la critica (a un articolo) fare un resoconto scritto
8. **to live stg. down (reputation)**	rimettersi da / fare dimenticare col tempo
9. a. **to make do with**	accontentarsi di / arrangiarsi con
b. **they can get by on**	se la cavano con / *se la sbrogliano
c. **≠to do without**	fare a meno / far senza
10. a. **I was born . . .**	sono nato(a) . . .
b. **to give birth to**	mettere al mondo / partorire
c. **to grow up**	crescere
d. **to be well brought-up**	essere educato bene
e. **to pass away / kick off / kick the bucket**	morire / *crepare / *tirare le cuoia
11. **it's not fair to / to be uncalled for**	non è giusto per . . . / essere ingiustificato

VOCABULARY

Since it is easier to learn 3–6 words which are associated with one another, rather than memorizing them separately one at a time, the words in this vocabulary section have been carefully arranged in groups.

Fill in the second, third and fourth columns according to the given symbols.

— = in the second column a translation, in the third column either a synonym or a related word, and in the fourth a word with the opposite association.

/ = in this vocabulary section only, an indication that the same word can have two or more totally different meanings.

When you have filled in as many as you can, turn the page and check the key. As always, the * indicates colloquial usage.

VOCABULARY

	TRANSLATION	SYNONYM	OPPOSITE-ASSOCIATED
1. vada avanti!		–	– –
2. il ruolo principale		– –	– –
3. stupido		– – – – – – – – – – –	– –
4. bestemmiare		–	
5. in prigione		– – –	
6. fare fiasco		– – – –	–
7. un ladro		–	
8. /ho paura /vigliacco		/ – – / – –	/ – – / – –

VOCABOLARIO

	TRADUZIONE	SINONIMO	CONTRARIO-ASSOCIATO
1. vada avanti!	go ahead!	Continui! Proceda!	* fermo! si fermi! attenda! wait a minute! = aspetti un momento!
2. il ruolo principale	the leading part ≠ bit part	il divo, la diva, tenere il cartellone	una particina, la comparsa, una parte secondaria, il generico
3. stupido	dumb, stupid	/bestia, cretino, asino, zuccone, oca, bastardo, gonzo, scemo, sempliciotto, grullo, babbeo, allocco, balordo, tonto, ottuso, imbecille, idiota, somaro, salame, ritardato	intelligente, sveglio, perspicace, acuto, intellettuale, accorto = wise
4. bestemmiare	to swear	imprecare = to curse	
5. in prigione	in prison, jail (in insolamento = in solitary)	al fresco, in guardina, in galera, ergastolo = life imprisonment	essere rilasciato, rimesso in libertà = to be freed
6. fare fiasco	to be a flop ≠ hit	* subire uno smacco * essere un bidone, un fallimento, un insuccesso, non un gran che, niente di speciale	avere successo
7. un ladro	a thief	uno scassinatore = burglar, un truffatore, imbroglione = crook	
8. /ho paura/ vigliacco	/I'm frightened (to fear = temere) /coward, chicken = fifone	/sono spaventato, * ho lo spaghetto, la fifa / pauroso, un coniglio, * un fifone	/aver fegato, coraggio /prode, ardimentoso, coraggioso

VOCABULARY

	TRANSLATION	SYNONYM	OPPOSITE-ASSOCIATED
1. avere luogo		– –	
2. noioso		– –	– –
3. sono sorpreso		– – – –	–
4. fare della vela	–		
5. pool	/ / /		
6. un va e vieni		– –	
7. il tutto			–
8. /situato / un posto	– –	/ – / – –	
9. ha notato	–		
10. riposarsi			–

VOCABOLARIO

	TRADUZIONE	SINONIMO	CONTRARIO-ASSOCIATO
1. avere luogo	to take place / how did it happen? = com'è successo?	accadere, capitare, svolgersi	
2. noioso	dull, a drag ≠ interesting, captivating, enchanting	*barboso, pesante, asfissiante, what a bore! = che barba!	interessante, appassionante, charming = seducente, piacevole, attraente, inebriante
3. sono sorpreso	astonished, surprised, amazed, flabbergasted, overwhelmed, (startled = impressionato), (spellbound = affascinato)	sbalordito, *restato di stucco, stupefatto, strabiliato, allibito, colpito, atterrato, ammutolito, a bocca aperta, sopraffatto	non mi ha fatto nessun effetto
4. fare della vela	to sail	navigare	
5. pool	/una piscina / un consorzio / il biliardo		
6. un va e vieni	back and forth, to and fro	(andare) avanti e indietro, (camminare) su e giù, in lungo e in largo, da un capo all'altro	
7. il tutto	whole	l'insieme	una parte = part
8. /situato / un posto	/located / place, spot	/si trova in / un luogo, locali = premises	
9. ha notato	he noticed	ha osservato	non ha visto
10. riposarsi	to rest		stancarsi

26

VOCABULARY

	TRANSLATION	SYNONYM	OPPOSITE-ASSOCIATED
1. /preoccuparsi/le preoccupazioni /preoccupante	– – –	/ – – – / – – / –	/ – –
2. secondo (lui)	–		
3. un fatto di cronaca	–	–	
4. /questa maniera /i mezzi	– –	–	
5. rimanere			–
6. /una borsa da viaggio/to pack		– –	/ –
7. cosa c'è?		–	
8. il vincitore			–
9. sopra			–
10. /viziare /guastare	– –	/ – / –	
11. il ricatto	–		
12. recentemente		–	–
13. una novella		–	

VOCABOLARIO

	TRADUZIONE	SINONIMO	CONTRARIO-ASSOCIATO
1. /preoccuparsi/le preoccupazioni /preoccupante	to worry, fret / worries / upsetting	/*dare in smanie, inquietarsi, *perdere la testa, *farsi del sangue marcio, agitarsi / le noie, le difficoltà, *le seccature, *le grane, i fastidi/ angoscioso, sconvolgente, conturbante	non mi creo problemi = I'm not worried = sono tranquillo, non mi scompongo
2. secondo (lui)	according to (him)		
3. un fatto di cronaca	news-item	una notizia, un giornale = newspaper	
4. /in questa maniera/i mezzi	/in this way/means, methods	così, in questo modo	
5. rimanere	to stay	restare, fermarsi	partire, andare via
6. /una borsa da viaggio/to pack	/a travelling bag /preparare il bagaglio, fare le valigie	/a trunk = baule, una valigia = suitcase, dei bagagli = luggage	/to unpack = disfare la valigia
7. cosa c'è?	what's the matter? (che cosa accade? = what's up?)	che succede?	
8. il vincitore	winner ≠ loser	il campione = champ	il perdente
9. sopra	above ≠ under		sotto
10. /viziare /guastare	/to spoil s.o. / to rot, ruin	/coccolare/marcire, rovinare	
11. il ricatto	blackmail (un ricattatore = blackmailer)	to blackmail = ricattare q.	
12. recentemente	recently ≠ ages ago, a dog's age	poco tempo fa	tanto tempo fa
13. una novella	a tale, a story	un romanzo (di cappa e spada = cloak and dagger)	

VOCABULARY

	TRANSLATION	SYNONYM	OPPOSITE-ASSOCIATED
1. sono in collera		– – –	–
2. un imprevisto		–	
3. legare		–	–
4. /*è un rompiscatole /*seccare q.	– –	/ – – / – –	–
5. /la fronte/il polso/il gomito /la spalla	– – – –		
6. /sbrigarsi/siamo pronti	– –	–	–
7. amaro		–	–
8. un portafoglio	–		
9. *sono stanco morto		– – – – –	–
10. pericoloso			–
11. *è una seccatura		– –	
12. il risultato		– –	

29

VOCABOLARIO

	TRADUZIONE	SINONIMO	CONTRARIO-ASSOCIATO
1. sono in collera	I'm angry, sore, mad	*arrabbiato, irritato, infastidito, contrariato, furente, *fuori dai gangheri	*sta' calmo! stia calmo! = keep cool!
2. un imprevisto	accident, mishap	un contrattempo, un incidente, una disgrazia	
3. legare	to link, fasten	attaccare, unire = join	slacciare, slegare = to undo
4. /*è un rompiscatole /*seccare	/annoying, a pain in the neck, pest/to bother s.o., to pester, annoy (m'inner- vosisce = he bugs me), *stare tra i piedi = bug s.o. — for kids)	*è uno scocciatore, /*un seccatore, *una peste, *una piaga/ *mi rompe le tasche, è noioso, dispettoso/ importunare, irritare, infastidire	/non mi dà fastidio, non mi disturba
5. /la fronte/il polso/il gomito /la spalla	/forehead/wrist /elbow/shoulder	fist = pugno	
6. /sbrigarsi/siamo pronti	/to hurry, rush/we're all set	affrettarsi, spicciarsi	*gingillarsi = to dawdle, perdere tempo
7. amaro	sour, bitter	aspro, acido	sweet = dolce
8. un portafoglio	a wallet	un portamonete = change purse	
9. *sono stanco morto	I'm beat, exhausted, worn out, bushed = sfinito, pooped = stremato	sono stanco, a pezzi, *da raccogliere col cucchiaino, *rimbambito, al limite delle forze, *a terra, inebetito	*far scintille = raring to go, essere in forma
10. pericoloso	dangerous ≠ safe		sicuro, senza pericolo
11. *è una seccatura	it's annoying (bothersome = (fastidioso)	*rompitasche, *ciò non mi va a fagiolo, spiacevole	
12. il risultato	the outcome	l'esito, le conseguenze	

VOCABULARY

	TRANSLATION	SYNONYM	OPPOSITE-ASSOCIATED
1. volentieri		– – –	–
2. ti sfido		–	
3. il bordo		– – –	
4. ammazzare		– –	
5. a will	–		
6. /dare in affitto **/un inquilino** **/un mutuo/un** **immobile**	– – – –		
7. /disperato **/giù di spirito**		/ – – / – –	
8. duro		–	–
9. strofinare	–		
10. docile		–	
11. viaggiare	–	–	
12. uno scopo		–	
13. difficile		–	–
14. fare attenzione **a**		–	–

VOCABOLARIO

	TRADUZIONE	SINONIMO	CONTRARIO-ASSOCIATO
1. volentieri	gladly, with pleasure ≠ unwillingly	di cuore, con gioia, di buon grado, di pieno gradimento, di tutto cuore	a malincuore, controvoglia
2. ti sfido	I challenge, dare you	scommettiamo!	
3. il bordo	the edge	l'argine = brink, l'orlo, la bordura, la sponda, il margine = skirt	
4. ammazzare	to kill, to 'waste', 'blow away' = *far fuori q., liquidare q.	uccidere, commettere un delitto = to murder, assassinare, trucidare	
5. a will	/un testamento/le ultime volontà		il libero arbitrio = free will
6. /dare in affitto /un inquilino /un mutuo/un immobile	/to rent (landlord) /tenant/mortgage /real estate	/prendere in affitto = to rent (tenant) subaffittare = sublet il canone = rent	il proprietario = owner
7. /disperato /giù di spirito	/in despair, disheartened = scoraggiato/blue, low	/sperduto, avvilito, confuso/depresso = down, *giù di corda, demoralizzato, di cattivo umore = down in the dumps	up = su di morale
8. duro	stern ≠ lax	severo, aspro, rigido = harsh	tenero, mite = gentle
9. strofinare	to rub	to wipe = asciugare lucidare = to polish	
10. docile	meek	remissivo	
11. viaggiare	to travel, take a trip	un percorso, *fare un viaggio (droga)	
12. uno scopo	an aim	un obiettivo = target, mirare = to aim	un movente = motive
13. difficile	hard ≠ easy	arduo	facile, agevole
14. fare attenzione a	to pay attention ≠ ignore	stare attenti a, prestare orecchio a	non tenere conto di, trascurare

VOCABULARY

	TRANSLATION	SYNONYM	OPPOSITE-ASSOCIATED
1. /il paradiso /un angelo	– –		/ –
2. una scatola	/ /		
3. di moda		– – –	– – –
4. /abbaiare /gattino /cucciolo /mordere	– – – –		–
5. /una sfumatura di rosso /chiassoso	– –	/ –	–
6. /una previsione /nebbioso	– –		–
7. a orario ridotto	–		–
8. dipinto		–	
9. principale	–		
10. /una zitella /uno scapolo /una vedova	– – –		/ –
11. /i calzoni/un tailleur (women)		/ –	
12. una celebrità dello spettacolo	–		
13. sono contrario a			–
14. timorato		–	–

33

VOCABOLARIO

	TRADUZIONE	SINONIMO	CONTRARIO-ASSOCIATO
1. /il paradiso /un angelo	/heaven ≠ hell /angel		/l'inferno,/un diavolo = un demonio = devil
2. una scatola	/box/a can, tin		
3. di moda	with it, swings, up to date = aggiornato (novelty = novità)	in voga, all'ultima moda, in vista, a fad = di attualità	fuori moda, antiquato, square, out of it = sorpassato, superato, in disuso, *d'altri tempi, di vecchio stampo
4. /abbaiare/ /gattino /cucciolo /mordere	/to bark/kitten /puppy/to bite	/to growl = ringhiare, cat = micio, cagnolino = doggie	miagolare = to meow, fare le fusa = to purr
5. /una sfumatura di rosso /chiassoso	/a shade of red /gaudy ≠ tailored	una tinta unita = solid/sgargiante, vistoso, *pacchiano	sobrio, austero
6. /una previsione /nebbioso	/a forecast, prediction/it's misty	(rainbow = arcobaleno)/c'è nebbia	
7. a orario ridotto	part-time ≠ full-time		a tempo pieno, essere stipendiato = to be salaried
8. dipinto	depicted, portrayed	descritto, abbozzato	
9. principale	main		
10. /una zitella /uno scapolo /una vedova	/an old maid/a single man/widow ≠ widower = vedovo	restare nubile, zitella, signorina	/una donna di casa, una massaia, una casalinga = housewife
11. /i calzoni/un tailleur (women)	/slacks/suit	*le brache, un costume; un completo (men)	
12. una celebrità dello spettacolo	a 'superstar'		
13. sono contrario a	I'm opposed to ≠ for	sfavorevole	favorevole
14. timorato	shy ≠ bold	timido, introverso	audace, coraggioso, *aver fegato, estroverso

VOCABULARY

	TRANSLATION	SYNONYM	OPPOSITE-ASSOCIATED
1. /a plate/una tazza e un piattino	– –		
2. to quit	/ /	/ – / –	
3. *essere fortunato		– –	– – –
4. i lineamenti	–		
5. la folla		– –	
6. to strike	/ /	/ – – –	
7. una pistola	–		
8. un lavoro /l'orario	– –		
9. velocemente		–	–
10. sposarsi		– –·	
11. /permettere /il consenso	– –	/ – / –	/ – –

VOCABOLARIO

	TRADUZIONE	SINONIMO	CONTRARIO-ASSOCIATO
1. /a plate/una tazza e un piattino	/un piatto/a cup and saucer	una caffettiera = coffeepot	
2. to quit	/cessare /attività) /dimettersi	/smettere /licenziarsi	
3. essere fortunato	to be lucky, un fortunato = a lucky dog	*essere nato con la camicia, avere il vento in poppa, un colpo di fortuna = a lucky chance, che bazza! = what luck!	*essere scalognato, *inguaiato, *avere iella, un guaio = rotten luck, una batosta = a tough break
4. i lineamenti	features		
5. la folla	crowd (crowded = affollato, gremito)	la ressa, la calca	non c'è anima viva = not a soul
6. to strike	/fare sciopero /picchiare	/schiaffeggiare = to slap, battere = to beat, pestare, prendere a scappellotti, un colpo = a blow, *un sacco di botte = a good beating, *una sventola, *uno sganassone, un ceffone = a smack	
7. una pistola	a gun, a pistol (an iron, shooter = una rivoltella)	una mitragliatrice = machine gun, una pallottola = bullet	
8. un lavoro /l'orario	work/working hours		
9. velocemente	speedy, quickly ≠ slowly	rapidamente	adagio, piano, lentemente
10. sposarsi	to get married, hooked, to take the plunge (un matrimonio affrettato = a shotgun wedding)	maritarsi (women), ammogliarsi (men), *metter su casa, convolare a giuste nozze	
11. /permettere /il consenso	/to permit, let /consent	/lasciar fare/la autorizzazione, l'accordo	vietare = forbid, proibire, porre il veto

VOCABULARY

	TRANSLATION	SYNONYM	OPPOSITE-ASSOCIATED
1. temporaneo		–	–
2. falso		– –	–
3. aguzzo		–	–
4. a disagio		–	–
5. è ghiotto	–	–	
6. di buon umore	–		–
7. essere indaffarato		– –	
8. sciocchezze		– – – –	
9. è chiaro come il sole		– –	–
10. sgualcito		–	–
11. /degradare /andare in pensione	– –	/ – –	/ – –

VOCABOLARIO

	TRADUZIONE	SINONIMO	CONTRARIO-ASSOCIATO
1. temporaneo	temporary, tentative = sperimentale	provvisoriamente, con mezzi di fortuna, di ripiego, improvvisati ≠ makeshift	permanente
2. falso	fake, phony (to be phony = essere falso come Giuda, ipocrita ≠ real	*una patacca, *un bidone/una messa in scena	vero, autentico
3. aguzzo	sharp (things)	appuntito = pointed	smussato = dulled
4. a disagio	ill at ease	scomodo ≠ comodo	a proprio agio
5. è ghiotto	/he likes good food, he's an eater/has a sweet tooth	gli piace mangiar bene (un buongustaio), è goloso	
6. di buon umore	in a good mood ≠ in a bad mood		di cattivo umore, *scorbutico, capriccioso = moody
7. essere indaffarato	to be busy, on the go = sulla breccia	frenetico = frantic, in piena attività, occupatissimo	*girarsi i pollici = I goofed off, twiddled my thumbs
8. sciocchezze	nonsense, rot, bunco, malarky, hogwash, hot air, drivel, it's a lot of jazz = sono tutte fandonie, (fare sciocchezze = to do stg. silly)	stupidaggini, balordaggini, insulsaggini, scempiaggini, asinerie, *aria fritta, chiacchiere, *corbellerie, *cretinerie, *fesserie, cose da pazzi = craziness, storie, *balle, fandonie, frottole	
9. è chiaro come il sole	obvious	evidente, ovvio, si vede	vago
10. sgualcito	wrinkled	rumpled = spiegazzato, grinzoso	stirato = smooth
11. /degradare /andare in pensione	/demote ≠ promote /to retire	/andarsene, *ritirarsi a vivere in campagna	/promuovere, avanzare, salire di grado, far carriera

VOCABULARY

	TRANSLATION	SYNONYM	OPPOSITE-ASSOCIATED
1. /uno stratagemma /un'esca	– –	/ – –	
2. una parcella		– –	
3. ci sono!		–	– –
4. to bleed s.o.	–		
5. a buon mercato		– –	– –
6. l'alba		– –	– –
7. downtown			–
8. /ha torto /citare erronea- mente		/ – –	– –
9. elegante		–	–
10. huge		–	–
11. un'occhiata	–		
12. disordinato		–	–
13. /il testimone /la prova	– –	/ –	

VOCABOLARIO

	TRADUZIONE	SINONIMO	CONTRARIO-ASSOCIATO
1. /uno stratagemma /un'esca	/trick/bait	/un'astuzia, un trucco = a gimmick	
2. una parcella	fee, salary = stipendio	una retribuzione, un salario, una paga	
3. ci sono!	I get it ≠ I'm baffled! it's beyond me	capisco!, ecco!	non ci arrivo, non comprendo, *non ci capisco un'acca
4. to bleed s.o.	spillare quattrini a, *pelare		
5. è a buon mercato	it's dirt cheap, I got it for a song ≠ sky high	costa nulla = a steal, a buon prezzo, *regalata	è caro, è un conto salato, *una mazzata, *una stangata, *alle stelle
6. l'alba	dawn, daybreak ≠ dusk, nightfall (twilight = all'imbrunire)	sunrise = aurora, *sul far del giorno	il crepuscolo = il tramonto, at sunset ≠ *sul far della notte
7. downtown	il centro cittadino		i quartieri alti = uptown
8. /ha torto /citare erroneamente	/you're mistaken /to misquote	/si sbaglia, *prende un granchio, *una cantonata	/ha ragione, è giusto, esatto, *azzeccato
9. elegante	smart, elegante	di buon gusto	trascurato, straccione = in rags
10. huge	*colossale	enorme	minuscolo, minuto
11. un'occhiata	a glance	a peep = *una sbirciata	
12. disordinato	sloppy ≠ tidy	trasandato, a mess = un gran disordine	ordinato
13. /il testimone /la prova	/witness/proof	un testimone oculare = eyewitness/l'evidenza	

VOCABULARY

	TRANSLATION	SYNONYM	OPPOSITE-ASSOCIATED
1. un individuo		– – –	– –
2. far-fetched	–		
3. /un agnello /un puledro /un vitello /una pecora	– – – –		
4. una ricompensa	–		
5. un difetto	–		–
6. un giardino	–		
7. prima		– –	
8. prepararsi	–		
9. /annegare/un costume da bagno	– –		
10. un biglietto di sola andata			–
11. ripetere		–	
12. /a canvas /to canvass	– –		
13. coed	/ /		
14. /la contabilità /un calcolatore elettronico	– –		
15. ritirarsi		–	–

VOCABOLARIO

	TRADUZIONE	SINONIMO	CONTRARIO-ASSOCIATO
1. un individuo	a fellow, guy ≠ a gal	un tipo, **uno, un ragazzo, un tizio, un amico, un amante, her John = *il suo ganzo	*una tipa, **una, una ragazza, una tizia, una mondana = broad, un'amica, un'amante, la sua donna, *la sua ganza = his Jane
2. far-fetched	forzato, esagerato	tirato per i capelli	
3. /un agnello **/un puledro** **/un vitello** **/una pecora**	/lamb/colt/calf /sheep		
4. una ricompensa	a reward	un premio = prize	
5. un difetto	a flaw	una imperfezione = catch	una qualità
6. un giardino	garden	un cortile = yard	
7. prima	previously, formerly, once upon a time = c'era una volta	precedentemente, un tempo, anticamente	
8. prepararsi	to get ready (wash, make up)	rassettarsi, **fare toeletta	
9. /annegare/un **costume da** **bagno**	/to drown/a bathing suit	affogare, affondare = to sink, una spiaggia = beach	nuotare = to swim
10. un biglietto di **sola andata**	a one-way ticket ≠ round-trip		andata e ritorno
11. ripetere	to repeat ≠ to let it drop	ridire, ciarlare = to babble	lasciar perdere
12. /a canvas **/to canvass**	/una tela/esaminare attentamente	un pittore = painter, un dipinto = painting	
13. coed	/mista (scuola)/una studentessa		
14. /la contabilità **/un calcolatore** **elettronico**	/book-keeping /a computer		
15. ritirarsi	to withdraw ≠ to advance	to back away = indietreggiare, ripiegare	avanzare

VOCABULARY

	TRANSLATION	SYNONYM	OPPOSITE-ASSOCIATED
1. /apposta (fare) /secondo fine	– –	/ –	–
2. è inutile		–	–
3. lo scantinato			–
4. un bel posticino			– –
5. un tappeto		–	
6. essere vuoto		–	–
7. una sella		–	
8. un peccato	–		
9. /un guanciale /una coperta	– –		
10. un capolavoro	–		
11. ammobiliato		–	–
12. educato		–	–
13. a voce alta		–	–
14. /il materiale /*è della roba /*è un coso	– – –	/ – –	
15. spring	/ / /		
16. /una strega /un fantasma /ossessionare	– – –		
17. il forno	–		
18. tentare		–	

43

VOCABOLARIO

	TRADUZIONE	SINONIMO	CONTRARIO-ASSOCIATO
1. /apposta (fare) /secondo fine	/on purpose /ulterior motive	di proposito	non voluto
2. è inutile	it's no use, no avail	non è il caso, è vano, *non serve	vale la pena = it's worth it
3. lo scantinato	the cellar	*la cantina	la soffitta = attic
4. un bel posticino	a nice spot, joint		una bettola = dive, una taverna
5. un tappeto	a carpet, rug	*una moquette	
6. essere vuoto	blank, empty	in bianco	pieno, colmo
7. una sella	a saddle	andare a cavallo, cavalcare = to ride	
8. un peccato	a sin	(peccato! = it's a pity!)	
9. /un guanciale /una coperta	/pillow/blanket		
10. un capolavoro	a masterpiece		
11. ammobiliato	furnished ≠ unfurnished	arredato	non arredato, vuoto
12. educato	polite	gentile, cortese	maleducato, rude = sgarbato
13. a voce alta	aloud	*a squarciagola	a voce bassa, bisbigliare, in un sussurro = in a whisper
14. /il materiale /*è della roba /*è un coso	/stuff/it's junk /a thing	/*la paccottiglia, /*la porcheria	
15. spring	/una molla/una sorgente/la primavera		
16. /una strega /un fantasma /ossessionare	/witch/ghost/to haunt	/una fattucchiera /uno spirito, uno spettro/**si sente	
17. il forno /la cucina	the oven/the cooker		
18. tentare	to try	tentare la sorte, rischiare, *fare un tentativo	

VOCABULARY

	TRANSLATION	SYNONYM	OPPOSITE-ASSOCIATED
1. la gola/la tosse freddoloso	– – –		
2. /un libro /leggere/il dizionario	– – –		
3. a hike	/ /		/ –
4. *la cagnara		– – –	
5. /un'infermiera /un chirurgo /un medico	– – –		
6. /un commerciante/una drogheria/un negozio di ferramenta	– – –		
7. /un apparecchio /un attrezzo	– – –		
8. /selvaggio/è selvatico	– –	–	/ – /
9. dritto			–
10. /la tomba /mortale/il cadavere	– – –		
11. /un sindacato /uno scioperante	– –		
12. gli sport invernali	–		
13. un trucco	/ /		

VOCABOLARIO

	TRADUZIONE	SINONIMO	CONTRARIO-ASSOCIATO
1. /la gola/la tosse /freddoloso	/throat/cough /always cold (cold = raffreddore)	mal di gola, la laringite = sore throat, to cough = tossire	
2. /un libro /leggere/il dizionario	/a book/to read /a dictionary		
3. a hike	/una gita (a piedi) /un aumento		/a drop = un ribasso, una caduta
4. *la cagnara	rumpus (boisterous = rumoroso, fragoroso)	il rumore, lo schiamazzo, il baccano, il chiasso	
5. /un'infermiera /un chirurgo /un medico	/a nurse/a surgeon /Doc.	/*un dottore	
6. /un commerciante/una drogheria/un negozio di ferramenta	/shopkeeper/grocery /hardware store	/un negoziante	
7. /un apparecchio /un attrezzo	/device, gadget/tool	/*un arnese, un aggeggio, *un coso = thing	
8. /selvaggio/è selvatico	/wild/(people) shy, not sociable	scontroso	/docile, addomesticato = tame/ socievole
9. dritto	straight ≠ crooked		storto, tortuoso, curvo = curved
10. /la tomba /mortale/il cadavere	/grave/deadly /corpse (cimitero = graveyard)	la spoglia mortale, un morto = stiff	
11. /un sindacato /uno scioperante	/union/striker	scioperare, fare sciopero = go on strike	
12. gli sport invernali	winter sports	sciare, andare a sciare = to go skiing	le vacanze estive = summer holidays (a month)
13. un trucco	/trick/make-up	truccarsi = to make up	

VOCABULARY

	TRANSLATION	SYNONYM	OPPOSITE-ASSOCIATED
1. testardo		– – – –	–
2. singhiozzare		– –	
3. a needle	–		
4. tirare			–
5. a pet	/ /	/ – –	
6. celebre		–	–
7. forte		–	–
8. un incubo			–
9. *non posso soffrirla		– –	–
10. I'm close to her	/ /	–	–
11. aumentare		– –	– –
12. /room and board/una locanda/un fattorino/un portiere	– – – –	/ –	
13. reagire	–		

VOCABOLARIO

	TRADUZIONE	SINONIMO	CONTRARIO-ASSOCIATO
1. testardo	stubborn, obstinate, inflessibile, essere intransigente = diehard	cocciuto, caparbio, tenace, *testardo come un mulo, ostinato, *testone, *testa di legno	arrendevole, docile, accondiscendente, *pappa molle, cedevole = flexible
2. singhiozzare	to weep, sob	lacrimare, piagnucolare, *frignare	
3. a needle	un ago	un filo = thread	
4. tirare	to pull		spingere
5. a pet	/un animale domestico/un cocco	/un coccolino, il preferito	
6. è celebre	famous	noto, rinomato, famoso, la celebrità = fame	sconosciuto
7. forte	strong, powerful	potente	debole
8. un incubo	a nightmare (have a dream = sognare)		un sogno = dream
9. *non posso soffrirla	I can't stand her, bear her ≠ I'm crazy about her	non posso sopportarla, sentirla, *mi sta sullo stomaco, *sull'anima	*stravedo per lei, *sono matto di lei
10. I'm close to her	/le sono vicino/ legato, attaccato	/a due passi da = a stone's throw from	lontano = far
11. aumentare	to increase ≠ to decrease	accrescere, elevare, alzare	abbassare, diminuire, calare
12. /room and board/una locanda/un fattorino/un portiere	/vitto e alloggio /an inn/bellboy /doorman	pensione completa = full board, una pensione = boarding house, un albergo = hotel	
13. reagire	to react	ha reagito male = he took it poorly	

VOCABULARY

	TRANSLATION	SYNONYM	OPPOSITE-ASSOCIATED
1. d'accordo		– – –	– – –
2. scherzare		– – –	
3. /la vita/il petto/le anche /il seno	– – – –		
4. /è un rischio /è in gioco	– –		
5. /un cortome- traggio / il cinema	– –	–	
6. delle macchie	–		
7. pretendere	–		
8. all'estero	–		
9. to smell/a smell	– –	/ –	
10. /una cicatrice /cicatrizzare	– –		
11. row	/ /	/ –	

49

VOCABOLARIO

	TRADUZIONE	SINONIMO	CONTRARIO-ASSOCIATO
1. d'accordo	it's a deal!, gotcha!, roger! ≠ no dice, no soap	siamo intesi!, affare fatto!, va bene!, *attacca!, ci sto!, tiene!, *va a gonfie vele!	non va, *va male, *non ci sto, non ci casco, non attacca = no way = *non abbocco
2. scherzare	to kid (no kidding = davvero) (montarsi la testa = to kid s.o.)	fare una burla, *darla a bere, prendere in giro q. = pull s.o.'s leg, to jest = scherzare, stuzzicare = to tease, per beffa = in jest, canzonare = to joke	completamente serio = dead serious
3. /la vita/il petto/le anche /il seno	waist/bust/hips /breast	le misure = measurements	
4. /è un rischio /è in gioco . . .	/it's a gamble giocare d'azzardo = to gamble = sperperare/to be at stake (posta = stakes)	una scommessa = a bet, aleatorio = risky, stake all = *giocare l'ultima carta, *giocarsi la camicia	una scommessa sicura = a sure bet
5. /un cortometraggio / il cinema	/a short/a flick	un documentario = documentary	
6. delle macchie	stains	macchiare = to stain	
7. pretendere	to claim (to pretend = fingere)	reclamare, rivendicare, sostenere = maintain	
8. all'estero	abroad	oltremare = overseas	
9. to smell/a smell	/odorare/un odore	scent = un profumo, whiff = una zaffata	
10. /una cicatrice /cicatrizzare	/a scar/to heal	/una ferita = a wound/guarire	
11. row	/una fila (di sedie) /una lite	/una mischia = rissa, disaccordo = falling out	

VOCABULARY

	TRANSLATION	SYNONYM	OPPOSITE-ASSOCIATED
1. /la scuola elementare /il liceo /l'università /un laureato	– – – –	/ –	/ –
2. andare a gonfie vele		–	– –
3. /ankle/knee /cheek/lung /thigh	– – – – –		
4. tetro		– – –	–
5. il pettegolezzo		– – –	–
6. orribile		– – –	– – –
7. /ben vestito /gli stracci		/ – – / –	/ – –
8. smorto		–	
9. /la borsa/un azionista/i titoli	– – –		/ –
10. /gli avanzi /crudo (food)	– –		
11. to move	/ /		

VOCABOLARIO

	TRADUZIONE	SINONIMO	CONTRARIO-ASSOCIATO
1. /la scuola elementare /il liceo /l'università /un laureato	/grammar school /high school/college /a graduate	/essere maturando /laureando = senior	/studente universitario = an undergraduate
2. andare a gonfie vele	to go like clockwork, go smoothly	*va tutto liscio	*andare di traverso, finire male = to backfire, *andare a male = to go sour
3. /ankle/knee /cheek/lung /thigh	/la caviglia/il ginocchio/la guancia /il polmone/la coscia	in grembo = on one's lap	
4. tetro	gloomy, drab, dismal dreary	triste, grigio, lugubre, smorto, malinconico, cupo	cheerful = allegro
5. il pettegolezzo	hearsay, gossip (un intrigante = busybody)	le maldicenze, le dicerie, le ciarle, le chiacchiere	da buona fonte = straight from the horse's mouth = da fonte attendibile
6. orribile	awful, dreadful ≠ marvellous	meschino = crummy, spaventoso = dreadful, pietoso, schifoso, lercio = lousy	meraviglioso, formidabile, fantastico, extra, geniale, *pazzesco
7. /ben vestito /gli stracci	well-dressed, smart ≠ sloppy, slovenly /duds, clothes	/elegante, raffinato, civettuolo, *tirato a lucido/i cenci	straccione, *vestita come la figlia della serva = little orphan Annie, sbracato
8. smorto	sallow, sullen (pale = pallido)	*giallo come un limone, tirato = taut, cereo	
9. /la borsa/un azionista/i titoli	/the stock-exchange /a shareholder/shares	gli attivi	il passivo = liabilities
10. /gli avanzi /crudo (food)	/leftovers/raw	riscaldare = to heat up	cotto = cooked
11. to move	/traslocare/muovere	to be moved = essere commosso	

VOCABULARY

	TRANSLATION	SYNONYM	OPPOSITE-ASSOCIATED
1. arrossire		–	–
2. /salve!, ciao! /salutare	– –	/ –	/ – –
3. mi vergogno		–	–
4. stretto		–	–
5. maldestro		– –	–
6. /splendido /carino		/ – – – –	/ – – – – –
7. /il caucciù /l'acciaio /il carbone /il ferro	– – – –		
8. disertato		–	
9. casual	/ – –		–
10. /colline/vallate	– –		
11. /un rimedio/a routine check-up	– –		
12. a set-up	/ /		

VOCABOLARIO

	TRADUZIONE	SINONIMO	CONTRARIO-ASSOCIATO
1. arrossire	to blush	avvampare, diventare rosso come un pomodoro, un tacchino, un papavero, un gambero	impallidire, diventare pallido
2. /salve!, ciao! /salutare	/hello! hi! ≠ see'ya/to greet	buongiorno!	/ciao!, a più tardi = see you later, arrivederci = so long, a presto
3. mi vergogno	I'm ashamed ≠ proud	sono imbarazzato	sono orgoglioso, trionfare = to gloat
4. stretto	tight ≠ loose	striminzito	largo
5. maldestro	awkward, clumsy	rozzo, impacciato, malaccorto, sgraziato, goffo	graceful = aggraziato, abile
6. /splendido /carino	/gorgeous, stunning, /cute	/meraviglioso, magnifico, formidabile, sensazionale, affascinante, stupendo, incantevole, fenomenale	/brutto, terrificante, orrendo, disgustoso, orrido, spaventoso, abominevole, *racchio
7. /il cauccìù /l'acciaio /il carbone /il ferro	/rubber/steel/coal /iron		
8. disertato	deserted	abbandonato	
9. casual	sportivo (clothes) ≠ elegante	/semplice, *senza fronzoli, pratico, *alla buona	formal = da cerimonia, da città
10. /colline/vallate	/hills/valleys		
11. /un rimedio/a routine check-up	/a cure, remedy/un controllo medico periodico	/fare una cura = to go for treatment	/una ricaduta = relapse, una recidiva
12. a set-up	/un coperto (ristorante)/una situazione		

VOCABULARY

	TRANSLATION	SYNONYM	OPPOSITE-ASSOCIATED
1. /i genitori/i parenti/i suoceri /la suocera	– – – –		–
2. bruciare dal desiderio		–	
3. bisbigliare		–	
4. confessare		–	–
5. all'aperto		–	–
6. un coperchio	–		
7. matto	–	–	
8. maturo	/ /		/ – / –
9. /una ruota /una gomma	– –		
10. sospettare di	–	–	–
11. /uno spago/una corda/un nodo	– – –		
12. mi aspettano	–		
13. /it's a money-maker/he's a money-maker	– –		
14. /purchè/a torto o a ragione	– –	/ –	
15. /vasca/una doccia/il bagno	– – –		

VOCABOLARIO

	TRADUZIONE	SINONIMO	CONTRARIO-ASSOCIATO
1. /i genitori/i parenti/i suoceri /la suocera	/parents/relatives /in-laws/mother-in-law	/i parenti (più) stretti = next of kin	suocero = father-in-law
2. bruciare dal desiderio	to be eager, anxious = bramoso, ansioso, desideroso	ho fretta di, sono impaziente di	
3. bisbigliare	to mutter, murmur	sussurrare, mormorare	
4. confessare	to confess, to admit ≠ to conceal	ammettere	nascondere, dissimulare = to hide
5. all'aperto	outdoors, outside	all'aria aperta, fuori (di casa)	dentro (casa), in casa, all'interno
6. un coperchio	a cover, a lid		
7. matto	crazy	*esser tocco, picchiatello = to be cracked	
8. maturo	/mature/ripe	/maturare	/immaturo /acerbo = green
9. /una ruota /una gomma	/a wheel/a tire	a flat = una gomma a terra	
10. sospettare di	mistrust ≠ trust	diffidare di/non avere fiducia in	avere fiducia = to be reliable = esser fidato, degno di fiducia
11. /uno spago/una corda/un nodo	/a string/a cord /a knot	un filo di ferro = wire	
12. mi aspettano	I'm due there		inaspettato = unexpected
13. /it's a money-maker/he's a money-maker	/è un affarone, un affare d'oro/è un affarista	wheel and deal = fare affari	
14. /purché/a torto o a ragione	/provided that/justly or not	/se, a condizione di, a patto che	
15. /vasca/una doccia/il bagno	/bath/a shower /the bathroom	i gabinetti = W.C., le latrine, **i cessi, quel posticino = the john	

56

VOCABULARY

	TRANSLATION	SYNONYM	OPPOSITE-ASSOCIATED
1. odd	/ /	/ – – –	/ –
2. vagabondare		– –	
3. /la tintoria /il tintore/il bucato	– – –		
4. background	/ /		/ –
5. una sveglia	–		
6. essere geloso	–		
7. un francobollo	–		
8. suppongo di sì		–	
9. siamo stati imbrogliati		– –	–
10. nervoso		– –	–
11. a hangup	–		
12. aggiustare		–	– –
13. all'ingrosso (vendite)	–		–
14. me l'aspettavo	–		

VOCABOLARIO

	TRADUZIONE	SINONIMO	CONTRARIO-ASSOCIATO
1. odd	/dispari/bizzarro, insolito	/strano, originale, curioso, singolare, campy = eccentrico, bislacco	/even = pari
2. vagabondare	to wander (to prowl = aggirarsi)	andare a zonzo, *a spasso, errare, vagare, passeggiare, bighellonare, *prendere aria	
3. /la tintoria /il tintore/il bucato	/laundry/cleaners /the laundry	la lavandaia = washerwoman	
4. background	/lo sfondo (quadro) /il curriculum vitae	l'esperienza	/foreground = il primo piano
5. una sveglia	an alarm-clock	svegliarsi = to wake /get up	fall asleep = addormentarsi, andare a dormire = go to sleep
6. essere geloso	to be jealous, envious	essere invidioso, invidiare	
7. un francobollo	stamp (un espresso = express letter)	l'affrancatura = postage	
8. suppongo di sì	I gather so	immagino = I imagine, dare per scontato = to reckon	
9. siamo stati imbrogliati	we were deceived, fooled	siamo stati truffati, raggirati, **bidonati, *ce l'hanno fatta	he was fair = si è comportato correttamente, è stato leale
10. nervoso	uptight, tense (agitato = overwrought)	avere i nervi tesi, a fior di pelle, a pezzi, essere inquieto, ansioso	rilassato, disteso = loose, non si scompone = he's cool
11. a hangup	un complesso	avere dei complessi, = to be self-conscious	
12. aggiustare	to fix, repair	rappezzare, rabberciare, riparare	to break = rompere, scassare, guastare
13. all'ingrosso (vendite)	wholesale		al minuto = retail
14. me l'aspettavo	I expected it		

VOCABULARY

	TRANSLATION	SYNONYM	OPPOSITE-ASSOCIATED
1. alimony	–		
2. radersi	–		
3. /un ascensore /le scale	– –		
4. mal di stomaco	–		
5. snello		– – – –	– – –
6. /un bimbo/una sculacciata	– –	/ – – –	/ –
7. sistemare	–		
8. una ricerca	–		
9. il tran-tran della vita di ogni giorno		–	
10. /avvocato/un processo/un portavoce	– – –		
11. to make a date	–		–
12. *ha una faccia tosta		–	
13. a line	/ /	/ –	

VOCABOLARIO

	TRADUZIONE	SINONIMO	CONTRARIO-ASSOCIATO
1. alimony	gli alimenti, la pensione alimentare	la custodia = custody	
2. radersi	to shave	un rasoio = razor, una lametta = blade	
3. /un ascensore /le scale	/elevator, lift /staircase		
4. male di stomaco	upset stomach	aver lo stomaco scombussolato	
5. snello	slender, skinny, beanpole, toothpick, broomstick ≠ fat, heavy	magro, scarno, slanciato, allampanato, mingherlino, *uno stuzzicadenti, *uno spilungone, *una stanga, *un manico di scopa, *uno stecco	grasso, tondo, *un ciccione, *una bomba, stout = robusto, tarchiato, a he-man = un fusto
6. /un bimbo/una sculacciata	/a kid (tot = bimbetto /spanking	/un bambino, un ragazzino, un monello, un piccino, un moccioso	/un adulto
7. sistemare	to settle, put in order	concludere un accordo = to clinch a deal	
8. una ricerca	a chase	una caccia	
9. il tran-tran della vita di ogni giorno	the daily routine	l'abitudine, la routine giornaliera	
10. /avvocato/un processo/un portavoce	/lawyer/legal case /spokesman		
11. to make a date	fissare (prendere) un appuntamento		disdire = to cancel
12. *ha una faccia tosta	to have guts, nerve, to be brazen = essere impudente	è sfrontato, senza scrupoli, ha la sfacciataggine di	
13. a line	/attività, mestiere, campo, ramo /frottole, ciance	/sphere of action = settore d'attività	/play it straight! si comporti lealmente!

VOCABULARY

	TRANSLATION	SYNONYM	OPPOSITE-ASSOCIATED
1. diffuso		–	–
2. una dimora		– –	
3. a study	–		
4. non si nota		–	– –
5. essere un duro		–	–
6. a nail	/ /		
7. /il marciapiede /lo scolo/la grondaia	– – –		
8. /sostenere un esame/essere promosso a un esame	– –		/ –
9. /un cassetto /uno scaffale /un armadio	– – –		
10. a heel	/ /	/ –	
11. sottrarre		–	–
12. gettare un grido	–	– – –	
13. /**un sacco /**un centone, **un dito /**una mano /**un testone, **un cubo/*la grana		/ – – – –	
14. intorpidito	–		

VOCABOLARIO

	TRADUZIONE	SINONIMO	CONTRARIO-ASSOCIATO
1. diffuso	widespread, spread ≠ limited	esteso, allargarsi a macchia d'olio	limitato, ristretto
2. una dimora	dwelling, lodging	alloggio, abitazione	
3. a study	uno studio		
4. non si nota	it's inconspicuous ≠ striking	senza rilievo, poco appariscente	si nota, *dà nell'occhio, è evidente, manifesto, lampante
5. essere un duro	tough, hard-cookie	essere intrattabile, insensibile, un osso duro	softy = avere il cuore tenero
6. a nail	/un chiodo/un'unghia		
7. /il marciapiede /lo scolo /la grondaia	/sidewalk/curb /gutter	la strada = street	
8. /sostenere un esame/essere promosso (a un esame)	/to take an exam /to pass an exam	/superare un esame = to pass	/essere bocciato (a un esame)
9. /un cassetto /uno scaffale un armadio	/drawer/shelf /closet	un guardaroba = wardrobe	
10. a heel	/un tacco, un tallone /un furfante	/una persona spregevole	
11. sottrarre	to subtract ≠ to add	togliere	aggiungere, sommare
12. gettare un grido	to shout, roar = ruggire, uno strillo acuto = a shriek	gridare, urlare, *sbraitare, vociare, strepitare, *berciare	gemere = moan
13. **un sacco /un centone, **un dito /**una mano /**un testone, **un cubo/*la grana**	/L.1,000 (about 2/3 of a buck)/L.100,000 /L.500,000 /L.1,000,000/dough	/soldi, quattrini, denaro, *palanche, *ighelli, *con quibus, **la pila, avere un gruzzolo	*sono povero in canna, sono al verde = I'm broke
14. intorpidito	numb	sopito, anchilosato	

62

VOCABULARY

	TRANSLATION	SYNONYM	OPPOSITE-ASSOCIATED
1. /strisciare/a quattro zampe /in punta di piedi	– – –		
2. non immaginavo che . . .	–	–	
3. un gergo		–	
4. in sospeso		–	
5. non abbia riguardo!		– – –	
6. sfogliare		–	–
7. /un fardello /un sollievo /una prova	– – –		/ –
8. fracassare		– –	
9. un vitaiolo		– –	–
10. il nocciolo (della questione)	–	–	
11. /un giradischi /un altoparlante /l'animatore (di spettacoli . . .)	– – –		
12. avvertire		– – –	

VOCABOLARIO

	TRADUZIONE	SINONIMO	CONTRARIO-ASSOCIATO
1. /strisciare/a quattro zampe /in punta di piedi	/to creep/on all fours/on tiptoe	scivolare	
2. non immaginavo che . . .	I never dreamed that	non l'avrei mai supposto	me l'immaginavo = I thought as much
3. un gergo	lingo	un linguaggio convenzionale, un dialetto = dialect	
4. in sospeso	in abeyance, pending	in giacenza, pendente	
5. non abbia riguardo!	don't mince words, pull punches, be frank, to talk turkey = parlare apertamente, dire le cose come stanno	sia franco, dica pure la verità, parli chiaro, senza mezzi termini, non parli in modo ambiguo, non abbia peli sulla lingua	
6. sfogliare	to browse	scartabellare	leggere attentamente = to peruse
7. /un fardello /un sollievo /una prova	/a burden/a relief /an ordeal	/un peso	/una gioia = a joy
8. fracassare	to smash, crash	un rottame = a wreck, spezzare, demolire, *scassare, sfasciare	
9. un vitaiolo	a high-stepper, gay-blade ≠ a gloomy gus, partypooper	un buontempone, un capo ameno, un festaiolo	un guastafeste = kill-joy, un musone = long-faced, triste come un funerale
10. il nocciolo (della questione)	the core, heart	il nodo	
11. /un giradischi /un altoparlante /l'animatore (di spettacoli . . .)	/record player/loud speaker/the M.C.	un grammofono	
12. avvertire	to warn	mettere in guardia, prevenire, informare, mettere al corrente	

VOCABULARY

	TRANSLATION	SYNONYM	OPPOSITE-ASSOCIATED
1. she's dizzy	/ /	/ – – –	/ –
2. un giudizio tagliente		– – –	–
3. *salire alle stelle (prezzi)		–	– –
4. /fare da trampolino di lancio /uno sbocco/il quadro di riferimento	– – –	/ –	
5. un appartamento da scapolo	–	–	
6. token	/ /		
7. **è bona!		– –	– –
8. girare (un assegno)	–		
9. /tormentare q. /stuzzicare		/ – – –	

VOCABOLARIO

	TRADUZIONE	SINONIMO	CONTRARIO-ASSOCIATO
1. she's dizzy	/è sbadata/ha il capogiro	/è una svanita, una sventata, *una svampita, *una testa vuota, *una stramba, *ha la testa fra le nuvole	/è ponderata, riflessiva, posata, giudiziosa, *ha la testa sul collo
2. un giudizio tagliente	a dig, a cut, a stab, jab, knife in the back, she has a sharp tongue = ha una lingua biforcuta	un affronto, un colpo sleale, una parola mordace, una frecciata contro q., delle parole sferzanti	incensare q., decantare i meriti di q. = sing s.o.'s praises
3. *salire alle stelle (prezzi)	to soar, surge, to hike up = aumentare, to be brisk (trade) = essere attivo	rincarare, *impennata dei prezzi, *i prezzi lievitano	crollare, calare, *prezzi stracciati, saldi, slack (market) = fiacco
4. /fare da trampolino di lancio /uno sbocco/il quadro di riferimento	/to be a stepping stone, jumping-off point/outlet/the frame of reference	/l'inizio, il principio di q.c., una base, una pietra di paragone/il punto di riferimento	
5. un appartamento da scapolo	a pad, digs	la mia tana, il mio covo	
6. token	/un gettone/un simbolo, un pegno		
7. **è bona!	she's a knockout, really something = formidabile	è una bambola, *è un bel pezzo di donna, è attraente = she's got it	she's a dog = *una racchia, *un aborto, *uno sgorbio
8. girare (un assegno)	to endorse (a check /cheque)	firmare a tergo	
9. /tormentare q. /stuzzicare	to nag, needle, ride = *stare alle costole /to tease (to rib) = prendere in giro	/scocciare q., infastidire q., **sfottere, *mandare in bestia q., molestare	*non rompermi le scatole!/*piantala! lasciami in pace! non seccarmi! = let me alone!

VOCABULARY

	TRANSLATION	SYNONYM	OPPOSITE-ASSOCIATED
1. un'infatuazione	–	–	
2. una cosa antipatica	–		
3. un cartoncino (intestato alla ditta)	–		
4. *fregarsene di	– –		–
5. /to imply/the impact	– –		
6. il malocchio		– –	
7. /una catena di montaggio/fatto in serie/la produzione	– – –	/ –	/ –
8. truffare q.		– – – –	–
9. /un assegno a vuoto/to give a deposit/la Cassa di Risparmio	– – –	/ –	
10. /typist/short-hand typist, stenographer /*un errore di stampa	– – –		

VOCABOLARIO

	TRADUZIONE	SINONIMO	CONTRARIO-ASSOCIATO
1. un'infatuazione	it's a fad, craze, tendency, trend	un capriccio della moda, la voga del momento	
2. una cosa antipatica	pet peeve, aversion	un intoppo = snag, *una rogna	
3. un cartoncino (intestato alla ditta)	business card	un biglietto da visita	
4. *fregarsene di	to be aloof ≠ concerned, involved	non essere interessati, *stare alla larga, infischiarsene	*prendersela a cuore, essere coinvolti
5. /to imply/the impact	/significare, lasciare intendere, implicare /l'effetto		
6. il malocchio	a hex, jinx, to throw a spell on = gettare il malocchio su q.	una maledizione, una iettatura, portare scalogna = to hex, essere stregato, ammaliato = in a spell	
7. /una catena di montaggio/fatto in serie/la produzione	/an assembly-line /mass-produced ≠ hand-made/the output	/lavoro in serie	/fatto a mano
8. truffare q.	to swindle s.o., to cheat = imbrogliare, con, gyp, fleece = estorcere, *fregare, spogliare, hustle = frodare	**far fesso q., infinocchiare, *menare per il naso, fare un tiro mancino, *darla a bere a q., to embezzle = malversare	essere raggirato = to be cheated
9. /un assegno a vuoto/to give a deposit/la Cassa di Risparmio	/bounced check (cheque)/versare una caparra/savings bank	/uno scoperto, fare un assegno = to make out/cash down = pronta cassa	/to pay cash = pagare in contanti, to withdraw = prelevare soldi
10. /typist/shorthand typist, stenographer /*un errore di stampa	/una dattilografa /una stenodattilo, una stenografa /a misprint	/a gal Friday = una segretaria a tutto fare /un refuso	

VOCABULARY

	TRANSLATION	SYNONYM	OPPOSITE-ASSOCIATED
1. un mattiniero	–		–
2. /girare/twist	– –	– –	
3. to blackball s.o.		–	
4. a casaccio	–		
5. fiorente		– –	– –
6. presbite			–
7. contrappesare		–	
8. gonfiato		–	
9. scimmiottare q.		– –	
10. avere la pancia		–	
11. bere q.c.	–		
12. clean-cut (US), innocent-looking	–		–

VOCABOLARIO

	TRADUZIONE	SINONIMO	CONTRARIO ASSOCIATO
1. un mattiniero	early bird ≠ night owl (coricarsi presto = early to bed)	alzarsi di buon'ora, all'alba, *levarsi al canto del gallo	*un perdinotti, un nottambulo, un dormiglione
2. /girare/twist	/to turn, spin, to reel = far roteare /torcere	far girare rapidamente, ruotare	
3. to blackball s.o.	*bollare q.	bandire	
4. a casaccio	at random	sbadatamente, per caso = haphazardly	
5. fiorente	thriving, prosperous ≠ shaky	in sviluppo, prospero, funzionare bene	vacillante, andare a rotoli, alla deriva, a catafascio
6. presbite	farsighted ≠ nearsighted		miope (come una talpa = blind as a bat)
7. contrappesare	to offset, counter-balance (make-good = supplire a)	eguagliare, contro-bilanciare, compensare	
8. gonfiato	swollen	tumido, gonfio = bloated, tumefatto	
9. scimmiottare q.	to mimic, ape	imitare q., contraffare, parodiare, *scopiazzare q.	
10. avere la pancia	a pot belly, belly = pancia	*essere un ciccione, *un trippone	
11. bere q.c.	to have a drink	bere un boccale (beer)	
12. clean-out (US), innocent-looking	di aspetto pulito	di aspetto innocente	con un aspetto da delinquente, con un'aria da teppista, da bandito = tough-looking

VOCABULARY

	TRANSLATION	SYNONYM	OPPOSITE-ASSOCIATED
1. un truffatore		– – –	
2. amid	/ /	–	
3. l'ultima dilazione		–	
4. fare centro		– –	–
5. un bifolco	–	– –	
6. aggrapparsi		–	
7. /i generi alimentari/un fornitore/un acquisto/un magazzino/il marchio di fabbrica	– – – – –	/ – / –	/ –
8. è spacciato			–
9. raccontare delle frottole		– –	–

VOCABOLARIO

	TRADUZIONE	SINONIMO	CONTRARIO-ASSOCIATO
1. un truffatore	a crook, a gangster, (un ladruncolo = small-time mobster)	un teppista, un mascalzone, un furfante, una canaglia, un buono a nulla, un farabutto, un briccone	
2. amid	/tra/in pieno	in mezzo a	
3. l'ultima dilazione	the deadline	la scadenza	
4. fare centro	to score a bull's eye	colpire giusto, centrare, andare a segno = to hit home	*essere fuori strada, *scentrato, mancare il bersaglio, *fare fiasco
5. un bifolco	he's a hick, from the sticks	è *un cafone, un campagnolo, uno zoticone, un villano	un cittadino = city dweller
6. aggrapparsi	to cling, to grab ≠ to let go	attaccarsi = to latch on to, tenersi a	mollare
7. /i generi alimentari/un fornitore/un acquisto/un magazzino/il marchio di fabbrica	/food goods/a supplier /purchase /warehouse /trademark	/le merci/un deposito /un'etichetta, una marca = label	buyer = un compratore, sale = la vendita di fine stagione, il saldo
8. è spacciato	his number's up, he's done for, his goose is cooked, he's had it	/*è fritto/*è finita per lui	gli va benissimo
9. raccontare delle frottole	to fib, to lie, a white lie = una bugia innocente (tall stories = panzane)	mentire, raccontare delle fandonie, *raccontare balle, un mucchio di bugie = pack of lies	dire il vero/la verità

VOCABULARY

	TRANSLATION	SYNONYM	OPPOSITE-ASSOCIATED
1. degli stracci		–	
2. insipido	/ /	/ /	/ –
3. è birichino		– –	–
4. a puppet	/	/ – / –	
5. *muoio di fame		– –	–
6. assumere q.		– –	– –
7. una bustarella		– –	
8. una recessione	–		–

VOCABOLARIO

	TRADUZIONE	SINONIMO	CONTRARIO-ASSOCIATO
1. degli stracci	rags	dei cenci, sbrindellato = in rags, dei panni vecchi	agghindato = spruced up
2. insipido	/tasteless/dull	/senza gusto, insapore, insulso, scipito/scialbo	/salato, pepato, piccante = spicy
3. è birichino	mischievous, a rascal (a brat, *un mostriciattolo)	un monello, furbetto, un birbone, *un moccioso, *pestifero	buono come un angelo = good as gold
4. a puppet	/una marionetta, un burattino, un pagliaccio, un governo fantoccio	/a marionette/a figurehead = un uomo di paglia	
5. *muoio di fame	I'm starving ≠ full, stuffed	*ho una fame da lupo, *ho la pancia vuota, *ho un buco nello stomaco, *non ci vedo più dalla fame	*sono pieno come un uovo, sono sazio, *sono a tappo, *ho la pancia piena
6. assumere q.	to hire s.o. ≠ lay off (sack = licenziare, oust = sbolognare q.)	nominare, ingaggiare, scritturare, arruolare, reclutare	congedare, cacciar via, *silurare, *mettere alla porta, *liquidare q., *stangare
7. una bustarella	a bribe, a kickback, a rake off, to pay off s.o.	un sottobanco, uno sconto illecito, to bribe = corrompere, *ungere le ruote, *dare una bustarella	
8. una recessione	setback ≠ step forward		un passo avanti

VOCABULARY

	TRANSLATION	SYNONYM	OPPOSITE-ASSOCIATED
1. /le spese generali /il manteni- mento	– –		
2. scegliere con cura	–	–	
3. non è giusto		–	–
4. una pausa		–	
5. essere ottuso		–	–
6. for her sake	–		
7. essere brusco		–	
8. /la tremarella /una prima (di teatro)/un attore	– – –		
9. un furfante		–	
10. shabby		– –	–
11. il nome			–
12. un gioco di parole	–		
13. inciampare	–	–	
14. disprezzare		–	–

VOCABOLARIO

	TRADUZIONE	SINONIMO	CONTRARIO-ASSOCIATO
1. /le spese generali /il manteni-mento	/the overheads /upkeep	le spese di manutenzione	
2. scegliere con cura	to hand-pick, choose	selezionare, scegliere = pick out	
3. non è giusto	it's not fair	non è corretto	è giusto, equo, corretto
4. una pausa	a respite, a break	una breve sosta, una tregua	
5. essere ottuso	narrow-minded, bigoted ≠ open-minded	avere una mente limitata, essere intollerante	essere di larghe vedute
6. for her sake	nel suo interesse	a suo favore	
7. essere brusco	to be curt	essere rude	
8. /la tremarella /una prima (di teatro)/un attore	/stagefright/an opening/an actor	/il timor panico /l'inaugurazione /un attore comico = comedian	
9. un furfante	swindler, con-man = truffatore	un volpone, un furbone, wheeler-dealer = imbroglione, affarista	
10. shabby	malconcio ≠ well kept-up	consumato, maltenuto, logorato, sciupato	in buono stato, ben conservato
11. il nome	first ≠ last name	nickname = soprannome	cognome, il cognome da ragazza = maiden name
12. un gioco di parole	pun, play on words		
13. inciampare	to stumble (to trip s.o. = fare uno sgambetto a)	incespicare, vacillare, fare un passo falso, barcollare	
14. disprezzare	to snub, look down on, look down one's nose at	*snobbare, disdegnare q.	apprezzare, stimare, ammirare

VOCABULARY

	TRANSLATION	SYNONYM	OPPOSITE-ASSOCIATED
1. una buona probabilità	–	–	–
2. to split	/ / / /	/ – –	
3. la farsa	–		
4. trite		–	
5. divertente		– –	–
6. fradicio		–	–
7. una tregua		–	
8. /la malavita /il capobanda /la sedia elettrica	– – –		
9. fare da tappez-zeria		–	–
10. chiacchierare		–	–
11. Dio mio!		– – –	

VOCABOLARIO

	TRADUZIONE	SINONIMO	CONTRARIO-ASSOCIATO
1. una buona probabilità	a long shot = a sporting chance	una probabilità su mille, è incerto	pari probabilità, una vittoria sicura = a sure thing, *in pugno
2. to split	/divorziare, separare /spartire, dividere /spaccare, scindere /scappare, andarsene	/*tagliare la corda, *squagliarsela, *togliersi dai piedi, *svignarsela, *far fagotto	to show up = arrivare, venire, comparire
3. la farsa	slapstick	lo scherzo, la burla	
4. trite	comune, banale	da attore da strapazzo	
5. divertente	entertaining, amusing, funny	funny = comico, spassoso, buffo, ridicolo, piacevole	*asfissiante, *barboso, *angoscioso, *menoso, /*mattone, /*pesante
6. fradicio	soaked, doused ≠ dry	impregnato, inzuppato, grondante	secco, asciutto, umido = damp
7. una tregua	a truce, lull	un momento di calma	
8. /la malavita /il capobanda /la sedia elettrica	/the underworld/the ringleader/hot seat		
9. fare da tappezzeria	a wallflower	non essere invitata a ballare	l'anima della festa = the life of the party
10. chiacchierare	to talk (a chat, rap (US) = una chiacchierata), to shoot the breeze, chatter	ciarlare, cicalare, *parlare a vanvera, *a casaccio	tacere = to say nothing, non aprire bocca = not to say boo, *non fiatare
11. Dio mio!	my Lord! man = caspita! my goodness = Santo cielo! good grief = perbacco!	*porca Eva! *porca vacca! accidenti! accipicchia! diavolo! *porco cane! diamine! *porco Giuda, perdinci! perdiana! *porco mondo!	

VOCABULARY

	TRANSLATION	SYNONYM	OPPOSITE-ASSOCIATED
1. /to be scarce /a lack/10,000 lires short	– – –		/ –
2. svenire		–	–
3. a junkie	–		
4. una matricola			–
5. ella si illude		–	
6. scaltro (come una volpe)		– – –	
7. la cadenza		–	
8. un bel pezzo		–	
9. /avere la critica favorevole/to review/una recensione	– – –	/ –	/ –
10. allettare q.		–	
11. crollare		– –	
12. sbadigliare	–		
13. uno schizzo	–		

VOCABOLARIO

	TRADUZIONE	SINONIMO	CONTRARIO-ASSOCIATO
1. /to be scarce /a lack/10,000 lires short	/essere scarso/una penuria/mi mancano dieci mila lire	money is tight = il denaro scarseggia /la mancanza = shortage	abbondare
2. svenire	to faint	cadere in deliquio, venir meno = to swoon	riprendere conoscenza, riaversi/rinvenire
3. a junkie	un drogato	uno sbandato, un tossicomane	uno spacciatore = dealer
4. una matricola	a freshman ≠ senior	essere iscritti al 1° anno = first year	un laureando (università)
5. ella si illude	she's kidding herself	*ella si monta la testa, *sogna a occhi aperti	
6. scaltro (come una volpe)	cunning, artful	abile, volpone, astuto, sornione	
7. la cadenza	pace, rate	il ritmo	
8. un bel pezzo	a hunk, chunk	un tozzo (pane)	
9. /avere la critica favorevole/to review/una recensione	/to have rave notices /fare la critica/a write-up	*sfondare, *piazzarsi, affermarsi	essere stroncato, dalla critica
10. allettare q.	to induce, to coax = lusingare	attirare q., far balenare q.c.	
11. crollare	to collapse, to cave in	cedere, franare, sfaldarsi	to hold = reggere
12. sbadigliare	to yawn	*aprire la bocca come un forno	
13. un schizzo	an outline, sketch, una pianta = a brief	a grandi linee, un abbozzo	

VOCABULARY

	TRANSLATION	SYNONYM	OPPOSITE-ASSOCIATED
1. /la catapecchia /i bassifondi	– –	/ – – / –	/ –
2. un regalo	–		
3. mostrare deferenza		–	
4. uno spacco/un buco	– –	/ –	
5. avvantaggiarsi			–
6. /a clue/broad hint/hot tip /to hint	– – – –	/ – / –	
7. essere al culmine		– –	– –
8. /avaro/gretto	– –	/ – / –	
9. poco raccomandabile		–	–
10. /un gamberetto /un'aragosta	– –		

VOCABOLARIO

	TRADUZIONE	SINONIMO	CONTRARIO-ASSOCIATO
1. /la catapecchia /i bassifondi	/a shack, tenement /skid row, slums	/una topaia, una stamberga, una baracca, una bicocca, un tugurio /i quartieri poveri	/un palazzo (private) = townhouse
2. un regalo	a gift	offrire = to give	
3. mostrare deferenza	to kowtow, to cater to, essere premuroso = pieno di attenzioni	essere servile, *leccare i piedi a q., *fare il ruffiano, lisciare q., strisciare	
4. uno spacco/un buco	/a gap, rift = una crepa/a hole	un baratro, una breccia	
5. avvantaggiarsi	to be ahead ≠ behind		accumulare ritardo
6. /a clue/broad hint/hot tip /to hint	un indizio/una allusione lampante /un'informazione confidenziale/dar da intendere	/un'intuizione, un sospetto = hunch, una insinuazione, *a mezze parole	/una falsa informazione
7. essere al culmine	it's swinging, jumping	si scalda, si agita, si mette brutta	è calmo, sereno, tranquillo
8. /avaro/gretto	/greedy/petty (to hoard = ammucchiare)	/avido/sparing = spilorcio, tirchio	scialacquare, sperperare, *avere le mani bucate
9. poco raccomandabile	not very kosher, monkey business	equivoco = fishy, cagnara = horseplay, imbroglio = money business	non equivoco, on the level = onesto, leale, on the up and up, coscienzioso
10. /un gamberetto /un'aragosta	/shrimp/lobster	/uno scampo	

VOCABULARY

	TRANSLATION	SYNONYM	OPPOSITE-ASSOCIATED
1. del vino	–	–	
2. /District Attorney (US), public prosecutor/attorney general	– –		
3. polemico	–		
4. rubare		– –	
5. la proprietà letteraria	–		
6. essere gracile		– –	–
7. impegnare al monte di pietà	–		
8. ostacolare		– –	
9. un abitante della periferia	–		–
10. il tempo libero	–		
11. un abbonamento	–		

VOCABOLARIO

	TRADUZIONE	SINONIMO	CONTRARIO-ASSOCIATO
1. del vino	wine, booze	il vino rosso, il vinello, l'asprigno	
2. /District Attorney (US), public prosecutor/attorney general	/il Procuratore della Repubblica/ pubblico ministero		
3. polemico	argumentative	to pick an argument = contestare q. attaccare briga, *cercare rogne	
4. rubare	to steal (shoplift = taccheggio, pickpocket = borsaiolo), loot = saccheggiare, il bottino = loot	*sgraffignare, *soffiare, *fregare, *arraffare, *grattare; to lift, to filch = rubacchiare; to rob = svaligiare	
5. la proprietà letteraria	copyright	rights = i diritti d'autore	
6. essere gracile	frail, fragile	debole, fiacco, delicato, malaticcio	sturdy = robusto, forte, ben piantato
7. impegnare al monte di pietà	to hock (pawnbroker = un prestatore su pegno)	portare al monte di pietà	
8. ostacolare	to hinder (to restrict = limitare)	rallentare, impedire, intralciare, sventare = foil, frenare = curb, *mettersi fra i piedi	lasciar fare, aiutare = to help, *dare una mano = give s.o. a helping hand
9. un abitante della periferia	suburbanite ≠ city dweller		cittadino
10. il tempo libero	leisure, free time	le pause di riposo	
11. un abbonamento	a subscription	subscribe to = abbonarsi a	

VOCABULARY

	TRANSLATION	SYNONYM	OPPOSITE-ASSOCIATED
1. essere nudo (come un verme)		–	
2. un tipo strano		– – – –	
3. raccogliere		–	
4. odiare		– –	– –
5. le Università		– –	
6. congratulations		–	
7. brainwashing	–		
8. parlare sgrammaticato (l'inglese)	–		
9. a cast	/ /		
10. offhand	/ /	/ –	
11. gareggiare		–	
12. /fischiare/la chiamata alla ribalta	– –	–	/ –

VOCABOLARIO

	TRADUZIONE	SINONIMO	CONTRARIO-ASSOCIATO
1. essere nudo (come un verme)	bare, nude, stark-naked	in one's birthday suit = in costume adamitico	
2. un tipo strano	queer duck, an oddball, oddfish	*una bella sagoma, un tipo bizzarro, un eccentrico, uno strambo, uno stravagante	
3. raccogliere	to reap, yield = produrre	cogliere, rendere, fruttare	
4. odiare	to loathe, hold in contempt (disprez-zare) ≠ wild about	detestare, aborrire, *avere sullo stomaco, *vedere di malocchio esecrare	avere simpatia, attrazione per, essere pazzo, incapricciarsi di, *andar matto, entusiasmarsi per
5. le Università	Ivy League Schools (US), Harvard, Yale, Princeton, Oxbridge (Oxford and Cambridge Universities)	Politecnico di Milano, Scuola Normale di Pisa, Istituto Orientale di Napoli, Accademia di Belle Arti "Brera" di Milano, Pontificia Università Gregoriana di Roma	
6. congratulations	rallegramenti	complimenti!	
7. brainwashing	il lavaggio del cervello		
8. parlare sgrammaticato (l'inglese)	to speak broken English		speditamente = fluently
9. a cast	/un calco in gesso (plaster)/un insieme di attori		
10. off-hand	/alla buona/lì per lì	/con disinvoltura	
11. gareggiare	to compete	competere con	
12. /fischiare/la chiamata alla ribalta	/to boo ≠ applaud /curtain call		acclamare, domandare il bis

VOCABULARY

	TRANSLATION	SYNONYM	OPPOSITE-ASSOCIATED
1. *un merlo		– – – –	–
2. /una fattura falsificata/un preventivo	– –	/ –	
3. un intoppo		– – – –	
4. essere corrotto		– – –	– –
5. è in un vicolo cieco		– – –	– –
6. criticare		–	–
7. una persona solitaria		– –	–
8. /il morbillo/il vaiolo/la pertosse	– – –		
9. mi entusiasma		– –	– –

VOCABOLARIO

	TRADUZIONE	SINONIMO	CONTRARIO-ASSOCIATO
1. *un merlo	a sucker, a chump, to be gullible = essere ingenuo	*una pasta d'uomo, lo zimbello, un credulone, *pollo	*non si fa mettere i piedi addosso = he's no push over, *non la bevo = I don't buy it = con me non attacca
2. /una fattura falsificata/un preventivo	/fixed-up bill, invoice/an (rough) estimate	/truccata	
3. un intoppo	a hitch, snag, rub, pitfall, fly in the ointment (a catch = un inganno)	*una grana, una difficoltà, *una rogna, *una gatta da pelare, un contrattempo	*col vento in poppa
4. essere corrotto	corrupted, crooked = disonesto	essere equivoco, falso, venale, losco, depravato	*un buon diavolo = decent, onesto giusto, leale
5. è in un vicolo cieco	a deadlock, a standstill	senza via d'uscita, senza sbocco = a dead-end = punto morto, bloccato	breakthrough = un passaggio, una apertura
6. criticare	to criticize, to knock = demolire q.	diffamare, *fare il contropelo a q., zittire q. = to put s.o. down, *chiudere il becco a q. = to shut s.o. up.	elogiare = to praise, portare alle stelle, decantare
7. una persona solitaria	a lone wolf	è un misantropo, *un orso, introverso	a hanger-on = un un seccatore, un azzeccoso, **una mosca appiccicaticcia
8. /il morbillo/il vaiolo/la pertosse	/measles/smallpox /whooping cough	/*la tosse asinina	**una mosca appiccica ticcia
9. mi entusiasma	I dig it, it turns me on, it's my thing, go in for it in a big way ≠ it turns me off	fa per me, benone, mi piace, *mi va a fagiolo, *a genio, *è una pacchia/extra!	mi delude, to be put off = scoraggiare, ripugnare, to be cool on = non mi va, *mi rompe, mi annoia

VOCABULARY

	TRANSLATION	SYNONYM	OPPOSITE-ASSOCIATED
1. catturare q.		– – – – –	–
2. brontolare		– – – –	–
3. un saputello		– –	
4. /un manovale /la direzione		/ –	/ –
5. /calvo/il cranio	– –	/ – – –	/ –
6. /una vendita all'asta/fare un'offerta	– –	–	
7. violentare (una donna)		–	
8. essere condannato		–	–
9. essere equilibrato		– – –	

VOCABOLARIO

	TRADUZIONE	SINONIMO	CONTRARIO-ASSOCIATO
1. catturare q.	to nab, catch, pinch, bust, pull in	agguantare, accalappiare, *beccare, *pizzicare, arrestare, acciuffare, ammanettare, *mettere al fresco	liberare q. = to let go, scarcerare
2. brontolare	to grumble, complain, gripe, bellyache (rimuginare = to brood)	borbottare, lagnarsi, bofonchiare, lamentarsi, mugugnare, protestare	essere felice, soddisfatto
3. un saputello	a smart aleck, a wise guy (a wisecrack = una spiritosaggine)	un saccente, un sapientone, *uno sputasentenze	
4. /un manovale /la direzione	/a blue collar worker /the management	/il consiglio d'amministrazione = board of directors	/un operaio ≠ un dirigente = executive
5. /calvo/il cranio	/bald/skull	/baldness = la calvizie, rapato, tosato, *crapa pelata	hairy = peloso
6. /una vendita all'asta/fare un'offerta	/an auction sale/to bid	un'asta pubblica, all'incanto = al miglior offerente = to the highest bidder	
7. violentare (una donna)	to rape	stuprare	
8. essere condannato	to be convicted ≠ acquitted, let off	(essere sorvegliato a vista = to be held) un condannato = a convict	essere assolto
9. essere equilibrato	to be levelheaded	essere posato, giudizioso, assennato, serio, riflessivo, ponderato, avveduto, *con la testa sul collo	un colpo di testa = on the spur of the moment, impulsivo

VOCABULARY

	TRANSLATION	SYNONYM	OPPOSITE-ASSOCIATED
1. un buon augurio			–
2. *un pezzo grosso		– – –	– – –
3. un'inezia		– – –	
4. an affair	/ / /	–	
5. how's that?		– – –	
6. è incinta		–	
7. /un'inserzione /ad man	– –		
8. essere spilorcio		– – –	– –
9. /*l'abbuffata /*abbuffarsi	– –	/ – – –	/ –
10. a bite	/ /	/ –	

VOCABOLARIO

	TRADUZIONE	SINONIMO	CONTRARIO-ASSOCIATO
1. un buon augurio	a good omen		una maledizione, iella/presagio
2. *un pezzo grosso	a big shot, big wheel ≠ small fry	un superiore, un personaggio importante, *un capoccia, una persona influente, un campione, il capo = boss	*l'ultima ruota del carro, un tapino, un poveraccio, uno scribacchino, una persona di poco conto
3. un'inezia	a trifle, minuzia	una baggianata, una pagliuzza, una bazzecola, una sciocchezzuola, una quisquilia	fare storie = to make a fuss
4. an affair	/un'avventura /una serata importante/un grosso scandalo	/un rapporto (di affari = business)	
5. how's that?	che cosa intende con ciò?	come?, che cosa? cosa vuole dire?	
6. è incinta	she's pregnant (she's due . . . = è atteso per . . .)	è in stato interessante	
7. /un'inserzione /ad man	/ad/un agente pubblicitario	to advertise = fare pubblicità	
8. essere spilorcio	to be stingy, cheap, tight ≠ spendthrift, blow money	avido, avaro, *tirato, *pitocco, taccagno, tirchio, *pidocchioso, parsimonioso, risparmiatore = thrifty	*gettare i soldi dalla finestra, *avere le mani bucate, sprecare, sperperare, sciupare, scialacquare,
9. /*l'abbuffata /*abbuffarsi	/chow, grub/to eat (cucinare = to cook)	/il cibo, *il mangiare, *la pappatoia/la bisboccia, la scorpacciata/ gozzovigliare, sgranocchiare	non aver niente da mettere sotto i denti = to have nothing to eat, digiunare = to fast
10. a bite	/uno spuntino /un boccone	/a nibble (rosicchiare = to nibble)/ una scorta di cibo	un banchetto = a feast, treat

VOCABULARY

	TRANSLATION	SYNONYM	OPPOSITE-ASSOCIATED
1. un amico		– – –	– –
2. *una cantonata		– –	
3. ve ne pentirete		– –	
4. /New Year's Eve/fare il cenone	– –		
5. a shift	/ /		
6. /similarity /una copia		/ – / –	
7. her figure	–		
8. la via di mezzo		–	
9. /le scarpe /le pantofole /la vestaglia	– – –	/ – – –	

VOCABOLARIO

	TRADUZIONE	SINONIMO	CONTRARIO-ASSOCIATO
1. un amico	a buddy, bosom pals = *amico del cuore ≠ foe	un compagno, *amico per la pelle, *compagnone = old buddy, *bracciodestro = sidekick (ally = un alleato)	un avversario, un nemico, un rivale
2. *una cantonata	a blunder, booboo, *un granchio	*una papera, *un passo falso, un quiproquo, uno strafalcione, uno sproposito, un abbaglio, *una gaffe	
3. ve ne pentirete	you'll regret it	*vi morderete le mani, ve ne rammaricherete, *vi morsicherete la lingua	
4. /New Year's Eve/fare il cenone	/la notte di S. Silvestro/to celebrate (New Year's /Xmas Eve)	/il cenone di S. Silvestro	
5. a shift	/una squadra/un cambio di turno	/a crew = un gruppo /cambiare = to shift, relieve = dare il cambio a q.	
6. /similarity /una copia	/una somiglianza /copy	/una rassomiglianza, un sosia/un doppione	l'originale
7. her figure	la sua linea	shape = la figura, la forma	
8. la via di mezzo	the happy medium, golden mean	il giusto mezzo, il giusto equilibrio	
9. /le scarpe /le pantofole /la vestaglia	/shoes/slippers /bathrobe	*le babbuccie, *le ciabatte, *le pianelle	

VOCABULARY

	TRANSLATION	SYNONYM	OPPOSITE-ASSOCIATED
1. /è vanitoso vantarsi	/ — — / —	/ — — — / — — —	/ — —
2. un lavoratore accanito		— —	— —
3. /piantare in asso q. /un'avventura galante	/ — / —	/ —	
4. il prezzo di costo	—		—
5. /sono spiacente /pagare in natura	—	/ — —	/ —

VOCABOLARIO

	TRADUZIONE	SINONIMO	CONTRARIO-ASSOCIATO
1. /è vanitoso /vantarsi	/conceited, egotistical, selfish (presuntuoso = cocky), has a swelled head = borioso/to boast, brag (a boast = uno spaccone), to talk big = dire smargiassate, spararle grosse	/presuntuoso, egocentrico, pieno di sé, tronfio,*gasato, superbo, gradasso, orgoglioso, *pallone gonfiato, si crede chissà chi = he thinks he's God's gift, si crede il centro dell'universo, *un Padreterno/pavoneggiarsi, gloriarsi, *gonfiarsi, *darsi delle arie, *mettere la cresta	/è modesto, riservato, semplice, *alla buona; l'altruismo il disinteresse = unselfishness
2. un lavoratore accanito	hardworking, to knock oneself out = ammazzarsi dal lavoro ≠ to be lazy	sgobbare, sfacchinare, affannarsi, *piegare la schiena	fannullone, scansafatiche, bighellone, ozioso, *poltrone, *sfaticato sfaccendato = idle, *acchiappare le mosche, girarsi i pollici = twiddle one's thumbs
3. /piantare (in asso) q. /un'avventura galante	/to jilt, to drop s.o. /a passing fancy, fling	/*mollare q. = to ditch, abbandonare q./un capriccio	to pick s.o. up = abbordare q.
4. il prezzo di costo	cost price, going price	il blocco dei prezzi = price freezing	il prezzo di vendita = selling price
5. /sono spiacente /pagare in natura	/I apologize, I'm sorry/pay in kind	/vi faccio le mie scuse, chiedo scusa, mi spiace	*me ne infischio = I don't give a damn! **me ne frego!

IDIOMS

In tackling the learning of these idioms

a) fill in the blanks in the second column as far as you can

b) fold the page back to check your answer

c) read the translation on the sentence for further clarification.

IDIOMS

1. **to ask point-blank**
Le ha domandato — — — — — — se volesse sposarlo.

2. **to take pot-luck**
Vieni quando vuoi, mangerai quello che passa — — — — — — .

3. **to sell like hot cakes**
Vanno a — — — .

4. **to fit like a glove**
Questo vestito-mi va a — — — .
              -mi calza come — — — — — — .

5. **let's celebrate!**
Hai avuto un bell' avanzamento!
    — Bisogna — — — !
    — Bisogna — — — — — — !

6. **to add insult to injury /overdo it**
Comportandosi così,
    — ha veramente passato — — — — — — .
    — ha aggiunto il danno alle — — — .

7. **to 'get' it**
Guarda — che stai per * — — — .
    — che stai per — — — .

8. **to be on one's last legs /in bad shape**
E' — ridotto a mal — — — .
    — allo — — — .

9. **to drink like a fish**
Beve — come una — — — da quando gli è morta la moglie.

10. **his bark is worse than his bite**
Can che *abbaia non — — — .

11. **beggars can't be choosers**
O mangiar questa minestra o — — — — — — — — — .

12. **to put one's foot in it /to make a blunder**
Ho — fatto una — — — .
    — preso un — — — .

13. **believe it or not**
Fa a — — — di crederci, se vuoi, ma si è scolata da sola una bottiglia di vino.

14. **to know the right people /have an 'ins'**
Paolo deve avere — delle — — —
                  — delle — — —
per essere riuscito ad avere il telefono in due settimane.

ESPRESSIONI IDIOMATICHE

1. domandare a bruciapelo	He asked her point-blank if she would marry him.
2. mangiare quello che passa il convento	Come when you want, you'll take pot luck.
3. andare a ruba	They're selling like hot cakes.
4. andare a pennello / calzare come un guanto	This dress fits like a glove.
5. brindare / far festa	That was some promotion you got. Let's celebrate!
6. passare i limiti / aggiungere il danno alle beffe	Behaving like that, he added insult to injury.
7. *buscarle / prenderle	You're going to get it.
8. essere ridotto a mal partito / essere allo stremo	He's on his last legs.
9. bere come una spugna	He's been drinking like a fish ever since the death of his wife.
10. can che abbaia non morde	His bark is worse than his bite.
11. o mangiar questa minestra o saltar dalla finestra	Beggars can't be choosers.
12. fare una gaffe / prendere un granchio	I put my foot in it.
13. fare a meno di crederci	Believe it or not but she drank a bottle of wine all by herself.
14. avere delle 'conoscenze' / delle raccomandazioni	Obviously Paul knows the right people to have got the phone in two weeks.

IDIOMS

1. **a bird in the hand is worth two in the bush** — Meglio un uovo oggi che una gallina — — — .

2. **the early bird catches the worm** — Le ore del mattino hanno l'oro — — — — — — .

3. **a. he rules the roost / runs the show**
   — fa il bello e il brutto — — — .
   — detta — — — .
   — commanda a — — — .

   b. ≠ to play second-fiddle
   ≠ Ne ha abbastanza di
   — avere una — — — — — — .
   — essere in seconda — — — .

4. **to cloud the issue** Non ne parlare! Ciò non farebbe che creare — — — .

5. **to wear the pants** Le tradizioni cambiano ed anche nel sud dell'Italia le donne incominciano a — — — !

6. **a. let's put our cards on the table / play fair and square**
   Giochiamo — a carte — — —
   — con — — —
   e veniamo ad un accordo.

   b. let's call a spade a spade
   Diciamo   — pane al — — — e vino al — — — .
   — le cose — — — .

7. **to kick the bucket / kick off**
   Tutti aspettano che — tiri le — — —
   — vada al — — —
   — renda l'anima a — — — .
   per incassare l'eredità.

8. **through thick and thin**
   E' restato dalla mia parte
   — superando ogni — — — .
   — a dispetto — — — — — — .

9. **a. to add fuel to the fire**
   Non ha fatto che — soffiare sul — — — .
   — fomentare — — — .

   b. to spread like wildfire Le notizie si sono sparse in — — — — — — .

10. **that's food for thought**
    — Ciò mi fa — — — .
    — E' argomento di — — — .

ESPRESSIONI IDIOMATICHE

1. meglio un uovo oggi che una gallina domani	A bird in the hand is worth two in the bush.
2. le ore del mattino hanno l'oro in bocca	The early bird catches the worm.
3. a. fa il bello e il brutto tempo / detta legge / comanda a bacchetta	He rules the roost here.
b. ≠ avere una parte secondaria / essere in seconda fila	≠ He's tired of playing second-fiddle.
4. creare confusione	Please don't mention that, it will only cloud the issue.
5. comandare (in famiglia)	Traditions change and even in the South of Italy women are starting to wear the pants!
6. a. giochiamo a carte scoperte / con lealtà	Let's put our cards on the table and make a deal.
b. diciamo pane al pane e vino al vino / le cose chiaramente	Let's call a spade a spade.
7. *tirare le cuoia / andare al Creatore / rendere l'anima a Dio	They're all waiting for him to kick the bucket to cash in on the will.
8. superando ogni ostacolo / a dispetto di tutto	Through thick and thin he stuck with me.
9. a. soffiare sul fuoco / fomentare discordie	That only added fuel to the fire.
b. spargersi in un lampo	The news spread like wildfire.
10. mi fa meditare / è argomento di riflessione	That's food for thought.

IDIOMS

1. a. she's past her prime

Non dovrebbe portare delle mini gonne.
Non ha più — — — anni.
Ha tante — — — .
Comincia ad — — — .

   b. ≠ to keep up with the times

≠ E' — — — .
E' — — — .

2. to have a heart of gold

E' buono come il — — — .
Ha un — — — d'oro.

3. all's fair in love and war

In amore e in guerra tutto — — — — — — .

4. a. stop splitting hairs /
      it's as broad as it's long

Non andare per — — — — — — .
Non complicarti l' — — — .
Non cercare il pelo — — — — — — .
Non spaccare il capello in — — — .

   b. it's six of one and half a
      dozen of the other

Se non è zuppa è pan — — — .
E' la stessa — — — .

5. a. to feel as fit as a fiddle

Sono — sano come — — — — — — .
        — in gran — — — .
Sto — — — .

   b. to be the picture of
      health

Dopo le vacanze, Giacomo, sei il ritratto
della — — — .

6. to know the score / to know
what's what / the ropes / to
have been around / not to
have been born yesterday

Si sa — — — .
Sa il — — — — — — .
Non è — — — — — — .
Conosce i — — — .
La sa — — — .

7. to hit below the belt

Non avrebbe dovuto farlo.
Ha — colpito a — — — .
   — fatto un tiro — — — .

8. it was handed to him on
a (silver) plate

Non ha avuto alcun problema. Ha avuto
tutto — — — .

1. a. non ha più venti anni / ha tante primavere / comincia ad invecchiare

She should stop wearing minis, she's past her prime.

b. ≠ essere aggiornato, moderno

≠ She keeps up with the times.

2. essere buono come il pane / avere un cuore d'oro

He has a heart of gold.

3. in amore e in guerra tutto è lecito

All's fair in love and war.

4. a. non andare per il sottile / non complicarti l'esistenza / non cercare il pelo nell'uovo / non spaccare il capello in quattro

Stop splitting hairs!

b. se non è zuppa è pan bagnato / è la stessa cosa

It's six of one and half a dozen of the other.

5. a. essere sano come un pesce / in gran forma / stare benone

I feel as fit as a fiddle.

b. essere il ritratto della salute

Since your vacation, Jack, you are really the picture of health.

6. sapersi destreggiare / sapere il fatto proprio / non essere nato ieri / conoscere i trucchi / saperla lunga

She knows the score.

7. colpire a tradimento / fare un tiro mancino

She shouldn't have done that. It was really hitting below the belt.

8. ha avuto tutto facilmente

He never had a problem. They handed him everything on a (silver) plate.

IDIOMS

1. a. love at first sight

   Appena l'ho visto, è stato il colpo di — — —.

   b. a passing fancy

   Per Tom non è che — una — — — — — —.
   — un — — —.

   c. to fall in love with

   Mi sono innamorata — — — lui.
   *Ho preso una — — — per lui.

2. right off the bat, straight off

   L'ha trovata— al primo — — —.
   — senza — — —.

3. you can't have your cake and eat it too / have it both ways

   Non si può — — — — tutto.
   — avere la botte piena e
   la — — — — — —.
   O dentro o — — —.

4. a. it rings a bell

   Sì, mi ricorda — — —.

   b. to be on the tip of one's tongue

   L'ho sulla punta della — — —.

   c. it slipped my mind

   Non — — —.
   / mi è sfuggito di — — —.

5. the final blow / last straw

   Ciò che hai detto è
   — il colpo di — — —.
   — la goccia che fa traboccare — — — — — —.
   — il — — —.

6. to meet someone half-way

   Via, — ci metteremo d'a — — —.
   — scenderò a un — — — con Lei.

7. to drop a hint

   Ha lasciato — — — che sarebbe presto andato
   in pensione.

8. you can whistle for it

   Dopo ciò che ha detto
   — può aspettare per un — — —.
   — gli conviene lasciar — — —.
   — può farci una — — — sopra.

9. a. to be down in the dumps

   Sono — di cattivo — — —.
   — giù di — — —.
   — *giù di — — —.

   b. ≠ I'm in seventh heaven / riding high

   ≠ Sono — al settimo — — —.
   — su di — — —.

10. he's the spitting image / a chip off the old block / like father, like son

    *E' — suo padre fatto e — — —.
    — il — — — del padre.
    Tale il padre, tale — — — — — —.
    Sono simili come due gocce d'— — —.
    Tale — — — — — —.
    Degno del — — —.

ESPRESSIONI IDIOMATICHE

1. a. il colpo di fulmine — The minute I saw him it was love at first sight.

   b. – una simpatia passeggera
      – un capriccio — For Tom she is just a passing fancy.

   c. – innamorarsi di q.
      *prendere una cotta per q. — I fell in love with him.

2. al primo colpo / senza esitazione — He found it right off the bat.

3. non si può avere tutto / non si può avere la botte piena e la moglie ubriaca / o dentro o fuori — You can't have your cake and eat it too.

4. a. mi ricorda qualcosa — Yes, it rings a bell.

   b. l'ho sulla punta della lingua — It's on the tip of my tongue.

   c. – non rammento
      – mi è sfuggito di mente — It completely slipped my mind.

5. il colpo di grazia / la goccia che fa traboccare il vaso / il colmo — What you said was the last straw.

6. mettersi d'accordo / scendere a un compromesso con — Come on now. I'll meet you half-way.

7. lasciar intendere — He dropped the hint that he'd soon retire.

8. aspettare per un pezzo / lasciar perdere / farci una croce sopra — After what he said to me, he can whistle for it next time.

9. a. di cattivo umore / giù di spirito / *giù di corda — I'm down in the dumps.

   b. ≠ sono al settimo cielo / su di morale — ≠ I'm in seventh heaven.

10. *è suo padre fatto e sputato / il ritratto di / tale il padre tale il figlio / simili come due gocce d'acqua / tale e quale / degno del padre — He's a chip off the old block.

IDIOMS

1. to be sadly mistaken

Pensa che avrà un aumento ma si sbaglia
di — — —.

**2. a. to fly off the handle /
have a fit / blow one's
top / hit the ceiling / to
be fit to be tied**

E' — montata su tutte — — — — — —.
Era fuori dai — — —.
Ha perso le — — —.
Era — — — —.
   — fuori di — — —.

**b. to give s.o. a piece of
one's mind / let s.o. have it**

Gliene ha — dette — — —.
   — dette di tutti — — — — — —.

**3. it's like carrying coals to
Newcastle**

E' — sprecare il — — —.
   — portare acqua — — — — — —.
Sei andato — — — — — —.

4. to hit home / hit a sore spot

Hai — messo il dito — — — — — —.
   — fatto — — —.

**5. never put off till tomorrow
what you can do today**

Non bisogna mai rimandare a domani ciò che
si può fare — — —.

**6. to grease s.o.'s palm / slip
s.o. stg.**

Se — ungi le — — —
   — dai la — — — al cameriere
egli s'occuperà di noi.

**7. birds of a feather flock
together / a man is known
by the company he keeps /
to be of the same ilk**

Ognuno ama il suo — — —.
Dimmi chi frequenti, ti dirò chi — — —.
Sono fatti della stessa — — —.

8. a. it's easy as pie / kid's stuff

E' — facile come l' — — —.
   — semplice come bere un bicchiere di — — —.
   — è un giochetto da — — —.

**b. ≠ to sweat bullets /
blood and tears**

≠ — Ha sudato sette — — —.
   — ha sudato — — —.

9. take it or leave it

E' l'ultimo prezzo. Prendere o — — —.

ESPRESSIONI IDIOMATICHE

1. sbagliarsi di grosso

He thinks he'll get a raise but he's sadly mistaken.

2. a. montare su tutte le furie / *essere fuori dai gangheri / perdere le staffe / essere furibondo, fuori di sé

She flew off the handle.

   b. dirne quattro / dirne di tutti i colori

She gave him a piece of her mind.

3. sprecare tempo / portare acqua al mare

That's like carrying coals to Newcastle.

4. andare a segno / mettere il dito sulla piaga / fare centro

You hit home.

5. non bisogna mai rimandare a domani ciò che si può fare oggi

Never put off till tomorrow what you can do today.

6. ungere le ruote / dare la mancia

If you slip the waiter something, he'll take care of us.

7. ognuno ama il suo simile / dimmi chi frequenti, ti dirò chi sei / *fatti della stessa pasta

Birds of a feather flock together.

8. a. è facile come l'A.B.C. / è semplice come bere un bicchiere di acqua / è un giochetto da ragazzi

It's easy as pie.

   b. ≠ sudare sette camicie / sudare sangue

≠ She sweated bullets.

9. prendere o lasciare

That's my highest offer. Take it or leave it.

IDIOMS

1. a. haste makes waste

   b. a stitch in time saves nine

2. he's a penny pincher / tight-fisted

   ≠ to be a spendthrift

3. a. to jump to conclusions

   b. you be the judge

   c. put two and two together

4. no matter what / by hook or by crook / do or die / sink or swim

5. a. to see the lay (or lie) of the land / which way the wind blows

   b. to pave the way

6. to grin and bear it

7. a. kidding aside . . .

   b. this is no laughing matter

8. he's up to his old tricks / at it again

9. to give s.o. the slip

10. to jump from one subject to another

Presto e bene raro − − −.

E' meglio prevenire − − − − − −.

E' veramente − − −.

≠ E' uno − − −.
   Ha le mani − − −.

E' giunto a una − − − affrettata.

Ecco i fatti. A voi − − −.

Vi lascio tirare le − − −.

Lo farò − con le buone o con le − − −.
         − con tutti i − − −.
         − di riffa o − − − − − −.

Ha preceduto gli altri per
   − tastare il − − −.
   − sentire che aria − − −.

L'ambasciatore tenta di spianare la − − − per concludere la pace.

Bisogna fare buon viso a cattiva − − −.

Scherzi a − − − . . .

Non c'è niente − − − − − −.

E' stato leale per un anno ed ora sta combinando di nuovo una delle − − −.
Ecco, − − − !
Siamo alle − − − !

Finalmente − l'ho piantato in − − −.
          − me ne sono andato alla − − −.

Salta di palo in − − −.

ESPRESSIONI IDIOMATICHE

1. a. presto e bene raro avviene	Haste makes waste.
b. è meglio prevenire che curare	A stitch in time saves nine.
2. è tirchio ≠ è uno spendaccione / ha le mani bucate	He's really a penny pincher. ≠ He's a spendthrift.
3. a. giungere a una conclusione affrettata	He jumped to conclusions.
b. a voi giudicare	Those are the facts. You be the judge.
c. vi lascio tirare le somme	Put two and two together.
4. con le buone o con le cattive / con tutti i mezzi / di riffa o di raffa	I'll do it by hook or by crook.
5. a. tastare il terreno / sentire che aria tira	He went on first to see the lay of the land.
b. spianare la strada	The ambassador is trying to pave the way to peace.
6. fare buon viso a cattiva sorte	It was a rough year but we will have to grin and bear it.
7. a. scherzi a parte . . .	Kidding aside . . .
b. non c'è niente da ridere	This is no laughing matter.
8. sta combinando di nuovo una delle sue / ecco, ricomincia! / siamo alle solite	He was faithful for a year and now he's up to his old tricks.
9. piantare in asso / andarsene alla chetichella	I finally gave him the slip.
10. saltare di palo in frasca	He jumps from one subject to another.

IDIOMS

1. to take to stg. like a duck to water

Si è — trovato nel — — — elemento — sentito a — — — — — — fin dalla prima lezione di equitazione.

2. the more, the merrier

Più siamo — — — è.

3. to make ends meet

E' difficile — sbarcare — — — — — —. — far quadrare il — — —.

4. two heads are better than one

Due pareri valgono più — — — — — —.

5. she's a babe in the woods / wet behind the ears

Quando è arrivata dalla provincia, era — un'anima — — —. — un' — — —.

6. keep your fingers crossed

Tocchiamo — — — che tutto vada bene.

7. to sleep late

Sss! sapete che vostro padre — fa il — — — — si alza — — — la domenica.

8. a. to get out of something without a scratch

Ne è uscito senza un — — —. Se l'è cavata a — — — — — —.

   b. by the skin of one's teeth / a close shave / it was touch and go

L'ha scampata — — —. Ha avuto — — —. C'è mancato un — — —. E' uscito per il rotto della — — —.

9. to the bitter end

Era noioso ed ho dovuto sopportare fino in — — —.

10. to combine business with pleasure

Il principale ha unito l'utile — — — — — — durante questo breve viaggio.

11. to blow hot and cold

Non sai mai come la pensa. — E' come una doccia — — —. — Un giorno in un modo, un giorno — — — — — —.

12. to be stark-raving mad / as mad as a hatter / off one's rocker / out of one's mind

E' — matto da — — —. — uno scappato dal — — —. Gli manca — *una — — —. — *un — — —.

13. to have a low boiling point / to be quick-tempered

Joe — monta presto su tutte le — — —. — perde subito le — — —. — *va subito in — — —.

ESPRESSIONI IDIOMATICHE

1. **trovarsi nel proprio elemento / sentirsi a proprio agio**

   His first riding lesson went like a duck takes to water.

2. **più siamo meglio è**

   The more, the merrier.

3. **sbarcare il lunario / far quadrare il bilancio**

   It's hard to make ends meet.

4. **due pareri valgono più di uno**

   Two heads are better than one.

5. **un'anima candida / un'ingenuotta**

   When she first came up from the provinces, she was a babe in the woods.

6. **tocchiamo ferro**

   Keep your fingers crossed that everything will work out.

7. **fare il dormiglione / alzarsi tardi**

   S-s-sh, you know your father likes to sleep late on Sundays.

8. a. **uscirne senza un graffio / cavarsela a buon mercato**

   He came out of the accident without a scratch.

   b. **l'ha scampata bella / ha avuto fortuna / c'è mancato un pelo / è uscito per il rotto della cuffia**

   He was hanging on by the skin of his teeth.

9. **sopportare fino in fondo**

   It was such a bore, but I had to stay to the bitter end anyway.

10. **unire l'utile al dilettevole**

    The boss combined business with pleasure during his trip.

11. **è una doccia scozzese / un giorno in un modo, un giorno nell'altro**

    You never know where you stand with her. She blows hot one day and cold the next.

12. **essere matto da legare / scappato dal manicomio / *gli manca una rotella / *gli manca un venerdì**

    He's as mad as a hatter.

13. **montare presto su tutte le furie / perdere subito le staffe / *andare subito in bestia**

    Joe has a low boiling point.

112

IDIOMS

1. to leave in the lurch / high and dry / out on a limb

Ha lasciato la moglie
– nei – – –
– in una – – – difficile
ed è fuggito con l'amante.

2. to get out on the wrong side of bed

Ha la luna questa mattina.
Si è alzato di – – – – – – .

3. on the spur of the moment

Si è deciso – all' – – –
– sui due – – –
– d' – – –
di andarci.

4. to have one's hands tied

Non posso davvero farci – – – .

5. a. stop playing hearts and flowers

Basta con – le vostre f – – – / *b – – –
/ *s – – – . Non la bevo.

   b. what a tear-jerker!

Che storia (film, attore, ecc.) – – – !

6. a. change one's mind

Ha cambiato – – – .
≠ Mantenga le Sue – – – !

   b. ≠ stick to one's guns / never say die

Tenga – – – !
Non – – – !

7. to take turns

Questo gioco è molto facile.
Ognuno getta i dadi a – – –
e il numero più alto vince.

8. it's old hat / as old as the hills / it went out with the Romans

E' – molto – – – .
– vecchio come – – – / *come il – – – .

9. a. it's out of the question

E' – – – .

   b. ≠ all the more reason

≠ ragion di – – – .

10. it goes without saying

E' – – – .
Va da – – –
che si debba mangiare quando si ha fame.

11. it doesn't matter

Non – – – .

12. to know on sight

L'ho visto solo una volta, ma sono sicuro che
lo riconoscerei a – – – – – – .

13. to drop s.o. a line

Spero che mi – manderai una – – –
– scriverai due – – –
quest'estate.

ESPRESSIONI IDIOMATICHE

1. lasciare q. nei guai / in una situazione difficile	He left his wife high and dry and ran off with his mistress.
2. alzarsi di cattivo umore	He's in a bad mood this morning. He must have got out on the wrong side of the bed.
3. all'improvviso / sui due piedi / d'impulso	We decided to go on the spur of the moment.
4. non poter far niente	My hands are really tied.
5. a. basta con le vostre fandonie / *balle / *storie	Stop playing hearts and flowers. I just don't buy it.
b. storia (film, attore, ecc.) lacrimevole	What a tear-jerker!
6. a. cambiare idea	He changed his mind.
b. ≠ mantenere le proprie posizioni / tener duro / non cedere	≠ Stick to your guns.
7. a turno	This game is very simple. Each one takes his turn at throwing the dice and the highest number wins.
8. molto vecchio / vecchio come Matusalemme / *come il cucco	That kind of attempt is old hat.
9. a. è impossibile	It's out of the question.
b. ≠ ragion di più	≠ All the more reason.
10. è ovvio / va da sè	That one should eat when hungry goes without saying.
11. non importa	It doesn't matter.
12. riconoscere a prima vista	I only saw him once, but I'm sure I'd know him on sight.
13. mandare una cartolina / scrivere due righe	I hope you will drop me a line this summer.

IDIOMS

1. **that's the ball game / his number's up / he's had it / done for**

Se il padrone lo scopre
è — in un grosso — — —.
— — — —.
— * — — —.

2. **leave me alone!**

Lasciami — — —!

3. **it serves her right / she had it coming**

Dopo tutto ciò che gli ha fatto
— l'ha — — —
— le sta — — —
che lui ne abbia sposata un'altra.

4. a. **to beat around the bush**

Smetti di.menare il can per l' — — —.

b. **give it to me straight**

Me lo dica — — —!
Non abbia — — — —!
— peli sulla — — —!

c. **she doesn't pull any punches**

Non ha nessun — — —.
Dice tutto quello che — — —.

5. **keep your head / your cool**

In caso d'incidente, la cosa migliore è di
— non perdere — — — — — —.
— mantenere il sangue — — —.
— conservare la — — —.

6. **to go for a walk**

Questo pomeriggio,
faremo — una — — —.
— un — — —.
— quattro — — —.
*andremo a — — —.

7. **I take it for granted that . . .**

— Do per — — —
— Parto del — — —
che fai sempre il lavoro che ti assegno.

8. **not to stand a chance**

Il Belgio non ha la minima — — — di vincere le Olimpiadi.

9. **don't put the cart before the horse**

Non mettere il carro davanti ai — — —.

10. **to come to an end**

Questi esercizi — sono quasi — — —.
— volgono — — — — — —.

11. **to leave s.o. holding the (baby) bag / to take the rap**

Tutti sono andati via e lo hanno lasciato — — — — — —.

12. **to cut a long story short / the long and the short of it is**

Per farla — — —
In due — — —
egli l'ha lasciata.

115

ESPRESSIONI IDIOMATICHE

1. essere in un grosso pasticcio / spacciato / *fritto

   If his boss finds out, that's the ball game.

2. lasciami stare!

   Leave me alone!

3. l'ha meritato / le sta bene

   After what she did to him, it served her right that he married someone else.

4. a. menare il can per l'aia

   Stop beating around the bush.

   b. me lo dica francamente / non abbia riguardi / peli sulla lingua

   Give it to me straight.

   c. non ha nessun riguardo / dice tutto quello che pensa

   She doesn't pull any punches.

5. non perdere la testa / mantenere il sangue freddo / conservare la calma

   The best thing in an emergency is to keep your head and get the best of the situation.

6. fare una passeggiata / un giretto / quattro passi / *andare a spasso

   This afternoon we're going for a walk.

7. do per scontato / parto dal principio che . . .

   I take it for granted that you always do the work I give you.

8. non avere la minima probabilità

   Belgium doesn't stand a chance of winning the Olympics.

9. non mettere il carro davanti ai buoi

   Don't put the cart before the horse.

10. terminare / volgere alla fine

    These exercises have almost come to an end.

11. lasciare nei guai

    They all ran and left him holding the bag.

12. per farla breve / in due parole

    To cut a long story short, he left her.

IDIOMS

1. to foot the bill / to pick up the tab

Sua figlia ha comprato il corredo e il fidanzato ha
 — pagato il — — — .
 — messo mano al — — — .

2. he has a one-track mind

Pensa solo a — — — .
Ha una sua idea — — — .
E' un — — — / un — — — .

3. to scrape the bottom of the barrel

Devi esserti trovato proprio
 — senza un — — —
 — — — —
 — ridotto in — — —
per chiedere aiuto ad uno come lui.

4. in a second / in a jiffy / in a flash / in a bat of an eye / in a flick of a wink / in next to no time / in two shakes of a lamb's tail

L'ho fatto — in fretta e — — — .
 — alla — — — .
 — in un — — — .
 — in un batter d' — — — .
 — in un — — — .
 — in — — — e quattr'otto.
 — in men che non — — — — — — .

5. a. out of sight, out of mind

Lontano dagli occhi, lontano dal — — — .

 b. ≠ to carry a torch

≠ E' ancora — — — cotto di lei.

6. don't put all your eggs in one basket

Non bisogna
 — — — — il tutto per tutto.
 — puntare tutto su una sola — — — .

7. it's no use crying over spilt milk / what's done is done

Cosa fatta — — — ha.

8. a. to spill the beans / let the cat out of the bag / give the show away

Joe ha — svelato — — — — — — .
 — * — — — .
 — vuotato il — — — .
 — spiattellato — — — .

 b. mum's the word!

Mi raccomando, — — — !
Acqua in — — — !

 c. to be a dead give away

Era — — — — .
 — chiaro come il — — — .

9. a. he took her for a ride

L'ha menata per — — — — — — .

 b. to pull s.o.'s leg

Mi prendi — — — — — — .

10. lucky at cards, unlucky in love

Fortunato al gioco, sfortunato — — — — — — .

ESPRESSIONI IDIOMATICHE

1. **pagare il conto / metter mano al portafoglio**

   His daughter bought the trousseau and her fiancé footed the bill.

2. **pensa solo a quello / ha una sua idea fissa / è un maniaco, un fissato**

   He has a one-track mind.

3. **essere senza un soldo / squattrinato / ridotto in miseria**

   You must have really been scraping the bottom of the barrel to have chosen him to help.

4. **fare q.c. in fretta e furia / alla svelta / in un secondo / in un batter d'occhio / in un momento / in quattro e quattr'otto / in men che non si dica**

   I did it in a second.

5. a. **lontano dagli occhi, lontano dal cuore**

   Out of sight, out of mind.

   b. **≠ essere innamorato cotto di q.**

   ≠ He's still carrying a torch.

6. **non bisogna giocare il tutto per tutto / puntare tutto su una sola carta**

   Don't put all your eggs in one basket.

7. **cosa fatta capo ha**

   What's done is done.

8. a. **svelare il segreto / *cantare / vuotare il sacco / spiattellare tutto**

   Joe gave the show away.

   b. **mi raccomando, silenzio! /acqua in bocca!**

   Mum's the word!

   c. **era lampante / chiaro come il sole**

   That was a dead giveaway.

9. a. **menare per il naso**

   He took her for a ride.

   b. **prendere in giro q.**

   You're pulling my leg.

10. **fortunato al gioco, sfortunato in amore**

   Lucky at cards, unlucky in love.

IDIOMS

1. when it rains, it pours

E' stato sfortunato,
      — le disgrazie non arrivano — — — — — —.
      — non c'è due — — — — — —.

2. to hit the nail on the head

Hai — — — —.
      — fatto — — —.
      — colpito nel — — —.

3. where there's a will, there's a way

Volere è — — —.
Quando si vuole si — — —.

4. a. it's a dime a dozen

Questo genere di quadro è — — —.
Si trova a — — — / si trova — — —.

   b. ≠ to be hard to come by

≠ E' — — —.
Non si trova — — —.

5. I'll eat my hat / I bet my bottom dollar / stake one's life on it

Metterei la mano — — — — — —
Ci scommetto la — — — / la — — —
che puoi farlo.

6. to turn over a new leaf

Col nuovo anno muterò — — —.
Anno nuovo, — — — nuova.

7. you can't judge a book by its cover

L'abito non fa — — — — — —.

8. when the cat is away, the mice will play

Quando il gatto non c'è, i topi — — —.

9. to make things worse / to top it off / to boot

Ha perso tutto in Borsa e
      — per colmo di — — —
      — per — — —
la moglie l'ha piantato.

10. to be caught between the devil and the deep blue sea

Sono fra — l'incudine e il — — —.
      — due — — —.

11. look before you leap

Devi
      — stare attento a quello — — — — — —.
      — meditare prima — — — — — —.

12. when in Rome do as the Romans do

Gli italiani non fanno una prima colazione abbondante: paese che vai, — — — che trovi.

ESPRESSIONI IDIOMATICHE

1. le disgrazie non vengono mai sole / non c'è due senza tre

   He had one piece of bad luck after another / When it rains, it pours.

2. azzeccare / fare centro / colpire nel segno

   You hit the nail on the head.

3. volere è potere / quando si vuole, si può

   Where there's a will, there's a way.

4. a. è comune / si trova a palate / dappertutto

   That kind of painting is a dime a dozen.

   b. ≠ è raro / non si trova facilmente

   ≠ It's hard to come by.

5. metterei la mano sul fuoco / ci scommetto la testa / la camicia . . .

   If you can do that, I'll eat my hat.

6. mutare sistema / (cominciare una) vita nuova

   Come January first and I'm going to turn over a new leaf.

7. l'abito non fa il monaco

   Don't judge a book by its cover.

8. quando il gatto non c'è, i topi ballano

   When the cat's away, the mice will play.

9. per colmo di sventura / per giunta

   He lost every thing on the stock-market and then to make things worse his wife split.

10. essere fra l'incudine e il martello / fra due fuochi

    I'm caught between the devil and the deep blue sea.

11. sta attento a quello che fai / medita prima di agire

    Look before you leap.

12. paese che vai, usanza che trovi

    Italians don't have a huge breakfast: when in Rome do as the Romans do.

IDIOMS

1. **don't count your chickens before they're hatched**

   Non vendere la pelle dell'orso prima di averlo − − −.
   Non dire quattro finchè la volpe non è nel − − −.

2. **it's like looking for a needle in a haystack**

   E' come cercare un ago in − − − − − −.

3. **I'm in a tight spot / jam / hole / hot water**

   Sono − nei − − −.
   − in un mare − − − − − −.
   − *pieno di − − −.
   − *nelle − − −.

4. a. **(I'd better) leave well enough alone**

   Stavamo per fare ricorso ma, dopo averci ripensato, abbiamo deciso ch'era meglio − − − perdere.

   b. **let sleeping dogs lie**

   Non svegliare il can che − − −.

5. **once in a blue moon**

   Lo vedo una volta ogni morte − − − − − −.

6. **tit for tat**

   Fanno a botta e − − −.
   Si rispondono per le − − −.
   Si rendono pan per − − − / la − − −.

7. **to do an about-face / a turn-about**

   Tutto era sistemato e improvvisamente
   − ha fatto marcia − − − / un − − −.
   − ha cambiato le carte in − − −.

8. **it's the pick of the lot / the cream of the crop**

   E' − il fior − − − / il − − −.
   − *la − − −.
   − il non plus − − −.

9. **when the cows come home / when hell freezes over**

   Al tuo posto, non aspetterei che Giovanni lo faccia altrimenti l'avrai
   − a − − − / il giorno del − − −.
   − alle calende − − −.

10. **you played right into his hands / walked into it**

    Sei caduto nella − − −.
    *Ci sei − − −.
    Ti sei fatto − − −.

11. **to miss one's chance / the boat**

    Gianni ha perso − una buona − − −
    − un' − − −
    per fargli firmare il contratto.

ESPRESSIONI IDIOMATICHE

1. non vendere la pelle dell'orso prima di averlo ucciso / non dire quattro finchè la volpe non è nel sacco

   Don't count your chickens before they are hatched.

2. è come cercare un ago in un pagliaio

   It's like looking for a needle in a haystack.

3. essere nei pasticci / in un mare di guai / *pieno di rogne / *nelle grane

   I'm in a tight spot.

4. a. meglio lasciar perdere

   We were going to appeal, but on second thoughts we decided to leave well enough alone!

   b. non svegliare il can che dorme

   I would let sleeping dogs lie.

5. una volta ogni morte di Papa

   I only see him once in a blue moon.

6. fare a botta e risposta / rispondere per le rime / rendere pan per focaccia / la pariglia

   They answered each other tit for tat.

7. fare marcia indietro / un voltafaccia / cambiare le carte in tavola

   All was settled and suddenly he did an about-face.

8. il fior fiore / il meglio / *la schiuma / il non plus ultra

   It's the pick of the lot.

9. a Pasqua / il giorno del mai / alle calende greche

   If I were you, I wouldn't wait for John to do it or else you'll get it when the cows come home

10. Sei caduto nella rete / *ci sei cascato / ti sei fatto abbindolare

    You played right into his hands.

11. perdere una buona occasione / un'opportunità

    Jack missed his chance to get him to sign the contract.

122

IDIOMS

1. **you got to have guts** — La fortuna aiuta gli − − − .

2. **I'd like you to meet ...** — Signor Rossi, Le − − − il Sig. Smith.

3. **straight or on the rocks?** — Liscio o con − − − ?

4. **to face the music / to pay the piper** — Viene sempre in ritardo, ma un giorno o l'altro, dovrà
   − affrontare la − − − .
   − fare i − − − .

5. **to be on pins and needles** — Nell'attesa della risposta, è − sulle − − − .

6. **to have a housewarming** — Hanno da poco traslocato / Sabato inaugurano la nuova − − − .

7. **a. inside and out** — Stanno per riordinari la casa da cima a − − − .

   b. from head to toe — Era infangata dalla testa ai − − − .

8. **a. you're barking up the wrong tree** — Sbagli − − − .
   Sei − − − − − − .

   b. ≠ you're on the right track — ≠ Continua, sei sulla strada − − − .

9. **the apple of his eye** — Ci tiene come alla pupilla dei suoi − − − .

10. **to pay through the nose / it costs an arm and a leg** — Aveva l'aria di un ristorante a buon mercato, ma
    − *che m − − − !
    − *che s − − − !
    − che conto − − − !
    − e' costato un occhio della − − − .

11. **I can't make head or tail of it** — Ciò non ha nè testa nè − − − .
    *E' − − − .
    Non si capisce − − − ! / *Non ci capisco un' − − − .

12. **to take a long weekend** — Natale è giovedì e faremo il − − − .

13. **he's well known there** — E' molto − − − .

14. **don't mix money with friend-ship** — Patti chiari, amicizia − − − .

15. **never to stick to one person / be a real Romeo** — E' − un f − − − / un don − − − .

123

ESPRESSIONI IDIOMATICHE

1. la fortuna aiuta gli audaci
   You got to have guts.
2. Le presento . . .
   Mr. Rossi, I'd like you to meet Mr. Smith.
3. liscio o con ghiaccio?
   Straight or on the rocks?
4. affrontare la situazione / fare i conti
   He comes late every day but eventually will have to face the music.

5. essere sulle spine
   She's on pins and needles for the answer.

6. inaugurare la nuova casa
   They moved recently and the housewarming is on Saturday.

7. a. da cima a fondo
   They are going to reorganise the house inside and out.

   b. dalla testa ai piedi
   She was covered with mud from head to toe.

8. a. sbagli rotta / sei fuori strada
   You're barking up the wrong tree.

   b. ≠ essere sulla strada giusta
   Continue. You're on the right track.

9. ci tiene come alla pupilla dei suoi occhi
   It's the apple of his eye.

10. *mazzata / *stangata / conto salato / costare un occhio della testa
    It looked like an inexpensive restaurant, but you pay an arm and a leg.

11. ciò non ha nè testa nè coda / *è arabo / non si capisce niente! / *non si capisce un'acca
    I can't make head or tail of it.

12. fare il ponte
    Christmas is on Thursday, we're going to take a long weekend.

13. essere molto conosciuto
    He's well known there.

14. patti chiari, amicizia lunga
    Don't mix money with friendship.

15. essere un farfallone / un dongiovanni
    He never sticks to one person.

IDIOMS

1. a. to come back empty-handed / to be a wild-goose chase

Sono ritornato — a mani — — — / s — — —.
— con le pive nel — — —.
Ci sono andato per — — —.

   b. I went but no one was home / for nothing

Ci sono andato e
— ho trovato la porta — — —.
— **mi sono rotto le — — —.

2. to rub people the wrong way

Ho la capacità di — irritare — — — — — —.
— prendere la gente per il verso — — —.

3. to strike while the iron is hot

A mio parere, bisogna battere il ferro finchè — — — — — —.

4. to sleep like a log

Ho dormito come un g — — —.

5. a. be that as it may

Qualunque cosa — — —, non voglio più rivederlo.

   b. whatever will be, will be

Sarà quel che — — —!

   c. come what may / whatever happens

In ogni — — —
Succeda quel che — — —
non mancherò alla parola data.

6. it's like trying to put a square peg in a round hole

E'un problema — — —.

7. it's now or never

Ora o — — —.

8. to take s.o. down a peg or two / cut s.o. down to size / put s.o. down

L'aver perso il contratto
— gli ha fatto abbassare — — — — — —.
— l'ha *s — — — / r — — —.
— l'ha ridotto a più miti — — —.

9. the odds are in her favour ≠ against her

Le probabilità sono — a suo — — —.
≠ — a suo — — —.

10. to make a mountain out of a molehill / a big deal out of stg. / carry on

Smettila di
— esagerare le — — —.
— fare di una mosca un — — —.
— farne — — — — — —.
— annegare in un bicchiere di — — —.

11. it's a woman's world / women make the world go round

Ciò che donna vuole, il ciel — — — — — —.

12. it's worth it

Vale la — — —.

13. to catch a cold

Mi sono buscato un r — — — / un m — — — la settimana scorsa.

125

ESPRESSIONI IDIOMATICHE

1. a. ritornare a mani vuote / sconfitto / con le pive nel sacco / andarci per niente	I came back empty-handed.
b. trovare la porta chiusa / **rompersi le corna	I went but no one was there.
2. irritare la gente / prendere q. per il verso sbagliato	I have a knack for rubbing people the wrong way.
3. bisogna battere il ferro finchè è caldo	My best advice to you is to strike while the iron is hot.
4. dormire come un ghiro	I slept like a log.
5. a. qualunque cosa accada	Be that as it may, I don't want to see him again.
b. sarà quel che sarà!	Whatever will be, will be.
c. in ogni caso / succeda quel che succeda	Come what may, I will absolutely not go back on my word.
6. è un problema insolubile	It's like trying to fit a square peg in a round hole.
7. ora o mai	It's now or never.
8. fare abbassare la cresta / *sgonfiare q. / ridimensionare q. / ridurre q. a più miti consigli	The loss of the contract took him down a peg or two.
9. le probabilità sono a suo favore ≠ a suo sfavore	The odds are in her favour ≠ against her.
10. esagerare le difficoltà / fare di una mosca un elefante / farne una tragedia / annegare in un bicchiere d'acqua	Stop making a mountain out of a molehill.
11. ciò che donna vuole, il ciel lo vuole	Women make the world go round.
12. vale la pena	It's worth it.
13. buscarsi un raffreddore / un malanno	I caught a cold last week.

IDIOMS

1. **to hold one's own**

2. **to paint the town red / hit the high spots**

3. **to take a powder / do a bunk**

4. a. **off the record / unofficially**

   b. **≠ I got it straight from the horse's mouth**

5. **it remains to be seen if**

6. **practice makes perfect**

7. **let's get down to business / put our shoulders to the wheel**

8. **at your own risk**

9. **behind the scenes**

10. **on second thoughts**

11. **to change one's tune**

12. a. **to be sitting pretty / to be on easy street**

    b. **to lead the life of Riley**

13. **sleep on it**

14. **to be a gourmet**

Me la — — — a bridge.

Dopo l'esame si usa
— fare f — — — / *b — — — / b — — — /
*c — — — .

Se l'è — — — data a g — — — / s — — — /
s — — — .
Se ne è andato alla — — — .

Non ripetere ciò che ti ho detto.
L'ho saputo in via — — — .

≠ Ho saputo la notizia da
— buona — — — .
— da fonte — — — .

Ha detto che lo avrebbe fatto ma bisogna — — —
se lo farà.

La pratica vale più della — — — .

Mettiamoci all' — — — .
Diamoci — — — .

A vostro rischio e — — — .

Non so come realmente va il loro matrimonio
ma si dicono tante cose — alle loro — — — .
— dietro le — — — .

Ripensandoci — — — / dopo — — — ripensato,
non credo che abbia ragione.

Finalmente— ha abbassato la — — — .
— si è * — — — .

In questa nuova compagnia
— se la passa — — — .
— ha trovato una — — — .

Fa una vita da p — — — / da n — — — .

Vedremo domani. La notte porta — — — .

E' — un — — — .
— amante della buona — — — .

1. cavarsela
I can hold my own in bridge.

2. fare festa / *bisboccia / baldoria / *cagnara
We will paint the town red after finishing the exam.

3. darsela a gambe / svignarsela / squagliarsela / andarsene alla chetichella
He took a powder.

4. a. sapere in via confidenziale
Please don't say I told you. It was told to me off the record.

   b. ≠ sapere da buona fonte / da fonte attendibile
I got it straight from the horse's mouth.

5. bisogna vedere se
He said he would do it but it remains to be seen if he will.

6. la pratica vale più della grammatica
Practice makes perfect.

7. mettersi all'opera / darci dentro
Let's get down to business.

8. a vostro rischio e pericolo
At your own risk.

9. alle spalle di / dietro le quinte
I don't know how their marriage is actually but there is a lot of talk going on behind the scenes.

10. ripensandoci bene / dopo averci ripensato
On second thoughts I don't think she's right.

11. abbassare la cresta / *smontarsi
At last he changed his tune.

12. a. passarsela bene / trovare una pacchia
With this new company he's certainly sitting pretty.

    b. fare una vita da pascià / da nababbo
He's leading the life of Riley.

13. la notte porta consiglio
We'll see tomorrow. Sleep on it.

14. essere un buongustaio / amante della buona tavola
He's a gourmet.

IDIOMS

1. a. to smell a rat

   Quando ha evitato le mie domande
   ho — mangiato la — — —.
   — fiutato un — — —.
   ciò mi ha messo una — — — nell'orecchio.

   b. stg. doesn't add up /
   stg.'s fishy

   Qualcosa non — — — / non — — — / s — — —.
   E' — — —.

2. let's get down to brass
   tacks / cases / get to
   the point

   Veniamo al — — —.

3. to be the talk of the town

   Il suo divorzio è sulla — — — di tutti.

4. to upset the applecart

   I poliziotti sono arrivati e hanno mandato
   tutto all'— — —.

5. a. you'll never guess

   Non — — —.

   b. to give up (guess)

   Mi — — —!

   c. you're getting warm

   Prova ancora. Stai per — — —.

6. it's ten to one

   Ci scommetto dieci — — — — — — che non
   vince.

7. to eat one's word

   Ti rimangerai le tue — — — / ti pentirai di
   aver — — —.

8. if the worse comes to
   the worst

   Nella peggiore delle — — — andremo domani.

9. it's the blind leading
   the blind

   Tu scherzi offrendoti di insegnargli a giocare
   a bridge. Sarà veramente una cosa — — —.

10. a. I couldn't get a word
    in edgewise

    Non son riuscito a
    — dire una — — —.
    — intromettermi nella — — —.

    b. to put one's two cents
    in

    Posso — — — — la mia?
    — i — — — anch'io?

11. to hold tight reins

    Tiene a — — — tutti i suoi impiegati.

12. it was one-up-manship

    Come sempre — facevano a — — —
    — r — — —
    per essere superiori agli altri.

1. a. **mangiare la foglia / fiutare un imbroglio / mettere una pulce nell'orecchio** — I smelled a rat when he avoided my questions.

   b. **qualcosa non va / non quadra / stona / è losco** — Something doesn't add up.

2. **veniamo al sodo** — Let's get down to brass tacks.

3. **essere sulla bocca di tutti** — Her divorce is the talk of the town.

4. **mandare tutto all'aria** — The cops came in and upset the apple-cart.

5. a. **non indovini** — You'll never guess.

   b. **arrendersi** — I give up.

   c. **stai per farcela** — Guess again. You're getting warm.

6. **dieci contro uno** — It's ten to one that she won't win.

7. **rimangiarsi le proprie parole / pentirsi di aver parlato** — You'll eat your words.

8. **nella peggiore delle ipotesi** — If the worse comes to the worst, we can go tomorrow.

9. **una cosa impossibile** — You've got to be kidding offering to teach him how to play bridge. That's really the blind leading the blind.

10. a. **dire una parola / intromettersi nella conversazione** — She talked on and on and on, I couldn't get a word in edgewise.

    b. **dire la propria / intervenire** — Can I put my two cents in?

11. **tenere a freno** — He holds tight reins on all employees.

12. **fare a gara / rivaleggiare** — As usual it was one-up-manship with them.

IDIOMS

1. Jack-of-all-trades (master of none)

Che tipo quel Maso!
a. sa fare di tutto un — — —.
   è un *a — — —/ f — — —/ t — — —.
b. Quando si sa far tutto, non si fa
   bene — — —.

2. every dog has its day / everything comes to him who waits

Prima o poi la — — — viene per tutti.

3. things will come to a head

Discutono da due settimane.
Le cose si avviano alla — — —.

4. all's well that ends well

Tutto è bene quel che — — — — — —.

5. you took the words right out of my mouth

Mi hai tolto le parole di — — —.

6. two wrongs don't make a right.

Un errore non ne giustifica — — — — — —.

7. to jump out of the frying pan into the fire

Son caduto dalla padella — — — — — —.
Di male — — — — — —.
Di Scilla in C — — —.

8. that works wonders

Ciò fa — — —.

9. it takes all kinds to make a world

Il mondo è bello perchè — — — — — —.

10. a. think twice

Mi sembra giusto, ma ci penserei — — — prima
di buttarmi in qualcosa di così nuovo.

b. think twice before speaking.

Bisogna — — — due volte prima di parlare.

11. if my memory serves me right.

Se ben — — — verrà domani.

12. to have the ways and means / find the way

Mi sembra che vada bene se tu
   — hai i — — —
   — trovi la — — —
per farlo.

13. it's right up my alley

Fare un bridge venerdi?
Mi fa proprio — — —.
Mi va — — —/ mi va *a — — —.

14. to champ at the bit

E' sposato solo da due anni e già
   — morde — — — — — —.
   — freme d' — — —.

131

ESPRESSIONI IDIOMATICHE

1. a. saper fare di tutto un po' / è un *arruffone / factotum / tuttofare
   b. quando si sa far tutto, non si fa bene niente

   What a guy Tom is!
   a. Jack-of-all-trades
   b. Master of none.

2. prima o poi la fortuna viene per tutti

   Every dog has its day.

3. avviarsi alla conclusione

   They've been talking for two weeks. Things will come to a head soon.

4. tutto è bene quel che finisce bene

   All's well that ends well.

5. mi hai tolto le parole di bocca

   You took the words right out of my mouth.

6. un errore non ne giustifica un altro

   Two wrongs don't make a right.

7. cadere dalla padella nella brace / di male in peggio / di Scilla in Cariddi

   I jumped out of the frying pan into the fire.

8. ciò fa miracoli

   That works wonders.

9. il mondo è bello perchè è vario

   It takes all kinds to make a world.

10. a. pensarci bene

    It may sound good now but I would think twice before leaping into anything so new.

    b. bisogna pensarci due volte prima di parlare

    You should think twice before speaking.

11. se ben ricordo

    If my memory serves me right, he's coming tomorrow.

12. avere i mezzi / trovare la maniera

    It seems good to me; if you have the ways and means.

13. mi fa proprio piacere / mi va bene / *a fagiolo

    A bridge game Friday? It's right up my alley.

14. mordere il freno / fremere d'impazienza

    He has only been married two years and he's already champing at the bit.

IDIOMS

1. **to get back one's outlay** — Ha finalmente — coperto le — — —.
   — ricuperato la — — —.

2. **seeing is believing** — Fammi vedere. Sono come San — — —.
   Voglio vedere per — — —.

3. **do unto others as you would have other do unto you** — Non fare ad altri ciò che non vorresti fosse — — — — — — — — —.

4. **it's on the way** — E' sulla — — — — — —.

5. **to get on one's high horse** — E' sempre piena di — — —.

6. **the right man in the right place** — L'uomo giusto al — — — — — —.

7. **(children) of the first marriage** — Questi sono i figli di — — — — — —.

8. **there's no place like home** — Nessun posto è bello come — — — — — —.
   Casa mia, casa mia, per piccina che tu sia, tu mi sembri — — — — — —.

9. **to jump the gun** — Stavo per interrogarlo ma mi ha — — —.

10. **to pull a fast one** — Con il contratto, ce ne ha
    — fatta una delle — — —.
    — combinata una — — —.

11. **walls have ears** — I muri hanno — — —.

12. **let's bury the hatchet / let bygones be bygones** — Facciamo — — — — — —.
    Scordiamo il — — —.
    *Tiriamoci un — — — — — —.
    E' acqua — — —.

13. **why on earth!** — Perchè — — —! / per — — —!

14. **double or nothing** — Lascia o — — — D'accordo?

15. **have you a light?** — Mi fa — — —?

16. **well done** — B — — —! / B — — — —! / c — — —!

17. **to be in the doghouse** — Attenzione, da ieri — sei in — — —.
    — mal — — —.
    — ti dimostra — — —.

ESPRESSIONI IDIOMATICHE

1. **coprire le spese / ricuperare la posta**

   At last he got back his outlay.

2. **essere come San Tommaso / vedere per credere**

   Show me, seeing is believing.

3. **non fare ad altri ciò che non vorresti fosse fatto a te**

   Do unto others as you would have others do unto you.

4. **è sulla strada giusta**

   It's on the way.

5. **essere pieno di boria**

   She's always on her high horse.

6. **l'uomo giusto al posto giusto**

   The right man in the right place.

7. **i figli di primo letto**

   They're the children of the first marriage.

8. **nessun posto è bello come casa propria / casa mia, casa mia, per piccina che tu sia, tu mi sembri una badia**

   There's no place like home.

9. **precedere q.**

   I was going to ask him but he jumped the gun.

10. **farne una della proprie / combinarne una grossa**

    He pulled a fast one with the contract.

11. **i muri hanno orecchi**

    Walls have ears.

12. **fare la pace / scordare il passato / *tirarci un frego sopra / è acqua passata**

    Let's bury the hatchet.

13. **perchè mai! / per carità!**

    Why on earth!

14. **lascia o raddoppia**

    What do you say? Double or nothing.

15. **mi fa accendere?**

    Have you a light?

16. **bene! / bravo! / complimenti!**

    Well done!

17. **essere in disgrazia / mal visto / dimostrare freddezza**

    Watch out. You're in the dog-house with him since yesterday.

IDIOMS

1. help yourself (to some more)

Ti prego, — — — — — — di torta.

2. you can't fight City Hall or the Establishment / to hit one's head against the wall

Ti batti — — —.
Picchi la testa contro — — — — — —.

3. with all due respect

Con tutto il — — — rispetto non sono d'accordo.

4. to shoot the works / to go for broke

Abbiamo deciso di
— puntare il — — —.
— rischiare il tutto per — — —.

5. to throw good money after bad

Gettare i soldi dalla — — —.
Investire — — —.

6. to bring home the bacon

Lui scrive e lei manda avanti — — — — — —.

7. he's chief cook and bottle-washer

Gianni fa — — —.

8. to hit the jackpot / to strike it right

Che pacchia! Hai
— avuto un colpo — — — — — —.
— vinto un terno al — — —.

9. to prefer to be a big fish in a little pond than a little fish in a big pond

Ora vive in campagna e dipinge, poichè preferisce essere il primo in un paese che — — — — — — a Roma.

10. to take the long way

Ho preso la strada — — — — — —.

11. to come out of the blue

Questa osservazione è capitata
— mal a proposito
— come i cavoli a — — — / i — — —.
— come un fulmine a — — — — — —.

12. to come out on the market

Il libro sta per essere messo in — — —.

13. in the long run

Capirai a — — — — — — / alla f — — —.

14. to be an absent-minded professor

Ha sempre la testa fra le — — —.

15. ignorance is bliss

Vive felice nella propria — — —.

ESPRESSIONI IDIOMATICHE

1. ti prego, serviti ancora di torta	Help yourself to some more cake.
2. battersi inutilmente / picchiare la testa contro un muro	You can't fight City Hall.
3. con tutto il dovuto rispetto	With all due respect, I don't agree.
4. puntare il massimo / rischiare il tutto per tutto	We decided to go for broke.
5. buttare i soldi dalla finestra / investire male	You're throwing good money after bad.
6. mandare avanti la baracca	He writes and she brings home the bacon.
7. fare tutto	Jack is chief cook and bottle-washer.
8. avere un colpo di fortuna / vincere un terno al lotto	Wow! You hit the jackpot.
9. preferire essere il primo in un paese che il secondo a Roma	He's living in the country and painting, having decided he would rather be a big fish in a little pond than a little fish in a big pond.
10. prendere la strada più lunga	I took the long way home.
11. capitare mal a proposito / come i cavoli a merenda / inaspettatamente / come un fulmine a ciel sereno	That remark came out of the blue.
12. esser messo in vendita	The book's going to come on the market soon.
13. a lungo andare / alla fine	You will understand in the long run.
14. avere sempre la testa fra le nuvole	What an absent-minded professor!
15. vivere felice nella propria ignoranza	Ignorance is bliss.

IDIOMS

1. a. **to give s.o. the third degree**

   I poliziotti — gli hanno fatto un
                  interrogatorio di terzo — — — .
          — lo hanno messo sotto il — — — .

   b. **to work s.o. over**

   *Lo hanno p — — — .

   c. **to give s.o. a rough time / the treatment**

   Lo hanno conciato per le — — — .
   Gli hanno fatto passare un brutto — — —
   — — — — — — .

   d. **to ride roughshod over s.o. / to wipe the floor with s.o.**

   Lo hanno s — — — / m — — — / s — — — .

2. **to be low man on the totem pole**

   In tutti i concorsi di vendita è in fondo
   alla — — — / è l' — — — .

3. a. **to be hard of hearing**

   E' — duro di — — — .
      — sordo come — — — — — — .

   b. **to turn a deaf ear**

   Ha fatto — — — da mercante.
   *Ha le — — — — — — .

4. **to be quick on the uptake / on the ball**

   Susanna ha — la battuta — — — .
              — una — — — sempre pronta
              è — — — .
              capisce a — — — .

5. **to go to one's head**

   Tutte le premure ricevute
   le hanno — dato — — — — — — .
             — montato — — — — — — .

6. **he can stew in his own juice**

   Può cuocere nel — — — — — — .
   Che se la cavi — — — — — — .

7. **it's like water off a duck's back**

   Son parole i — — — .
   Non gli fa né caldo né — — — .

8. **to have class / to be good-looking**

   Questo cappotto è di gran — — — — .
                        — — — — .

9. **to take a lot of pain / trouble**

   Tommaso — si — — — — — — .
           — si dà — — — — — — .
           — se la prende molto a — — — .

10. **to give s.o. the benefit of the doubt**

    Non ne sono molto certo, ma accordiamogli
    il beneficio — — — — — — .

1. a. fare un interrogatorio di terzo grado / mettere sotto il torchio	The cops gave the guy the third degree.
b. *pestare	The cops worked the guy over.
c. conciare per le feste far passare un brutto quarto d'ora	They gave him a rough time of it.
d. strapazzare q. / maltrattare / schernire	They rode roughshod over the guy.
2. essere in fondo alla graduatoria / l'ultimo	In all the sales contests Smith comes out low man on the totem pole.
3. a. duro di orecchi / sordo come una campana	He's hard of hearing.
b. fare orecchio da mercante / *avere le orecchie tappate	He turned a deaf ear.
4. avere la battuta pronta / una risposta sempre pronta / essere sveglio / capire a volo	Sue's quick on the uptake.
5. dare alla testa / montarsi la testa	All the attention she's been getting has gone to her head.
6. può cuocere nel suo brodo / che se la cavi da solo	He can stew in his own juice.
7. parole inutili / non far né caldo né freddo	It's like water off a duck's back.
8. esser di classe / di effetto	This coat has a lot of class.
9. impegnarsi molto / darsi da fare / prendersela a cuore	He takes a lot of pains with his work.
10. dare a q. il beneficio del dubbio	I'm not sure either, but let's give him the benefit of the doubt.

IDIOMS

1. **to twist s.o. around one's little finger**

   Ne fa quello che — — —.
   Lo — — — come vuole.

2. **a little bird told me**

   Me l'ha detto l' — — —.
   L'ho saputo — — —.

3. **if the shoe fits, wear it**

   A buon intenditor — — — — — —.

4. **too many cooks spoil the broth**

   Troppi medici ammazzano — — — — — —.

5. **to give s.o. a snowjob / lay it on thick**

   Ascolta come — e — — —.
        — carica le — — —
        — *la — — —, quando parla
          con lei.

6. **to give s.o. a song and dance / dodge the question**

   Sono andato a chiedergli aiuto
   ma — ha eluso la — — —.
      — è stato — — —.

7. **the die is cast**

   Il dado — — — — — —.
   Il gioco — — — — — —.

8. **I must give the devil his due**

   Date a Cesare quel che è — — — — — —.
   A ciascuno il — — —.

9. a. **we're even**

   Siamo — — —.

   b. **let's settle the score**

   Regoliamo i — — —.

   c. **to have an axe to grind / to have a grudge against s.o. / to have a bone to pick with**

   Ha un conto da — — — con la sorella.
   Nutre — — — verso la sorella.

10. **it was the lesser of two evils**

    Fra due mali, bisognava scegliere il — — —.
    Era un — — —.

11. **to take a rain check, put off accepting an invitation till another time**

    Spiacente, non potrò venire oggi
    ma — la cosa è — — —
       — r — — — ad altro giorno.

12. **a man's home is his castle**

    In — — — — — — ciascuno è re.

13. **to give s.o. the red-carpet treatment**

    E' stato ricevuto con tutti gli — — —.

14. **that's neither fish nor fowl / neither here nor there**

    Non è — nè carne — — — — — —.
       — nè bianco — — — — — —.

ESPRESSIONI IDIOMATICHE

1. fare di una persona quello che si vuole / rigirare q. come si vuole

   She can twist him around her little finger.

2. me l'ha detto l'uccellino / l'ho saputo indirettamente . . .

   A little bird told me.

3. a buon intenditor poche parole

   If the shoe fits, wear it.

4. troppi medici ammazzano il malato

   Too many cooks spoil the broth.

5. esagerare / caricare le tinte / *ungere q.

   Listen to the snow-job he's giving her.

6. eludere la domanda / essere evasivo

   I went to him for help but he gave me a song and dance.

7. il dado è tratto / il gioco è fatto!

   The die is cast.

8. date a Cesare quel che è di Cesare / a ciascuno il suo

   I must give the devil his due.

9. a. siamo pari

   We're even.

   b. regolare i conti

   Let's settle the score.

   c. avere un conto da saldare con q. / nutrire rancore verso q.

   She has a grudge against her sister.

10. fra due mali, bisogna scegliere il minore / è un ripiego

    It was the lesser of two evils.

11. rinviare q.c. / rimandare ad altro giorno

    Sorry, I won't be able to come today but I'll take a rain check.

12. in casa sua ciascuno è re

    A man's home is his castle.

13. essere ricevuto con tutti gli onori

    He got the red-carpet treatment.

14. non è nè carne nè pesce / nè bianco nè nero

    That's neither fish nor fowl.

140

IDIOMS

1. to have one's fingers in many pies

Spesso gli uomini d'affari
— si occupano di — — — cose
— hanno i piedi in più — — —
— tengono lo — — — in molte faccende
contemporaneamente.

2. forewarned is forearmed

Uomo avvisato, mezzo — — — .

3. the grass is always greener on the other side

L'erba del vicino è sempre — — — — — — .

4. as the story goes

Da quel che si — — — è lei che l'ha lasciato.

5. there's no turning the clock back

Non si può — tornare — — — .

6. to be as blind as a bat

E' cieca come una — — — .

7. to each his own

A te piace il cioccolato, a me no, ebbene
— ognuno ha i — — — — — — .
— tutti i gusti — — — — — — .

8. that's a horse of a different colour

E' un altro paio di — — — .

9. to rack one's brains

Mi sono — spremuto le — — —
— lambiccato il — — —
e ancora non trovo la risposta.

10. better late than never

Meglio tardi che — — — .

11. it's his bread and butter

Se lo perde, è finita per lui. E' il suo
mezzo di — — — .

12. it's enough to drive you crazy

Le sue continue bugie bastano a
— — — — — — .

13. a. I could stand a drink / do with

— — — volentieri qualche cosa.

b. to drink alone

Non mi piace bere da — — — .

14. lead a horse to water but can't make him drink

Non si può far bere l'asino per — — — .

15. half a loaf is better than none

E' già — — — .
Meglio un — — — — — — che una gallina
domani.
Meglio poco che — — — .

ESPRESSIONI IDIOMATICHE

1. occuparsi di più cose / avere i piedi in più scarpe / tenere lo zampino in molte faccende

   Big businessmen often have their fingers in many pies at the same time.

2. uomo avvisato, mezzo salvato

   Forewarned is forearmed.

3. l'erba del vicino è sempre più verde

   The grass is always greener on the other side.

4. da quel che si dice . . .

   As the story goes, it was she who left him.

5. non si può tornare indietro

   There's no turning the clock back.

6. cieco come una talpa

   She's as blind as a bat.

7. ognuno ha i propri gusti / tutti i gusti son gusti

   You like chocolate and I don't, well each to his own.

8. è un altro paio di maniche

   That's a horse of a different colour.

9. spremersi le meningi / lambiccarsi il cervello

   I've racked my brains and still haven't found the answer.

10. meglio tardi che mai

    Better late than never.

11. è il suo mezzo di sostentamento

    If he loses that, he's finished. It's his bread and butter.

12. farti impazzire

    His continual lying is enough to drive you crazy.

13. a. bere q.c.

    I could stand a drink.

    b. bere da solo

    But I don't like to drink alone.

14. non si può far bere l'asino per forza

    You can lead a horse to water but can't make him drink.

15. è già qualcosa / meglio un uovo oggi che una gallina domani / meglio poco che niente

    Half a loaf is better than none.

IDIOMS

1. to be on the rocks / going to the dogs / go down the drain

L'azienda — va a — — — / a — — — / in — — —
— in — — —
— è ridotta a — — — — — — da
quando è morto il padrone.

2. do as I say, not as I do

Segui il mio consiglio, non il mio — — —.

3. to be in the same boat

Siamo tutti nella — stessa — — —.
— medesima — — —.

4. an eye for an eye

Mi vendicherò
— è la legge — — — — — —.
— occhio per occhio dente — — — — — —.

5. let's get back to what we were talking about

*Torniamo — — — — — — —.
— al discorso di — — —.

6. a. he gets on my nerves / is a pain in the neck / gets on my wick

Mi dà ai — — — / mi i — — — / *mi sta s — — —
/ *mi — — — le scatole / *mi s — — —.

b. what a pain in the neck!

Che * — — — ! / *s — — — ! / *s — — — !

7. you're skating on thin ice / walking on a tightrope

Attenzione — cammini sulle — — —.
— cammini sul filo — — — — — —.
— ti muovi su terreno — — —.

8. to be caught red-handed / with the goods

E' stato preso — con le mani — — — — — —.
— sul f — — — / in flagrante
(— — —).

9. bought it for a song / dirt cheap

L'ho avuto per — un' — — — / n — — —.
— due — — — / una — — — /
un pezzo di — — —.

10. it's as plain as the nose on your face

Si vede lontano — — — — — —.
Salta agli — — — — — —.
Più chiaro di così, si — — —.

11. no strings attached / above-board

Credo veramente che l'ha detto
— senza r — — —.
— in tutta s — — —.
— l — — —.

ESPRESSIONI IDIOMATICHE

1. andare a rotoli / a catafascio / in malora / in rovina / essere ridotto a mal partito

Since the boss died the business is going to the dogs.

2. segui il mio consiglio, non il mio esempio

Do as I say, not as I do.

3. essere nella stessa barca / nella medesima situazione

We're all in the same boat.

4. è la legge del taglione / occhio per occhio dente per dente

I'll get even. An eye for an eye.

5. *torniamo a bomba / al discorso di prima

Let's get back to what we were talking about.

6. a. mi dà ai nervi / mi infastidisce / *mi sta seccando / *mi rompe le scatole / *mi scoccia

He gets on my nerves.

   b. che *rompiscatole! / *seccatore! / *scocciatore!

What a pain in the neck he is!

7. camminare sulle uova / sul filo del rasoio / muoversi su terreno pericoloso

Careful, you're skating on thin ice.

8. essere preso con le mani nel sacco / sul fatto / in flagrante (delitto)

He was caught red-handed.

9. averlo per un'inezia / per niente / per due soldi / per una miseria / per un pezzo di pane

I bought it for a song.

10. si vede lontano un miglio / salta agli occhi / più chiaro di così si muore

It's plain as the nose on your face.

11. senza restrizioni / in tutta sincerità / lealmente

I truly believe he meant it with no strings attached.

IDIOMS

1. **to murder Italian**	Parla l'italiano coi — — — / molto — — —.
2. **to sleep in the open air**	Giovanni ha dormito — — — — — —.
3. **a jawbreaker / a difficult name to say**	Guglielmo è un nome — — — da pronunciare.
4. a. **to be very thirsty**	Ho una — — — sete / — — — di sete.
b. **to be very hungry**	Ho una fame da — — — / — — — di fame.
c. **there's nothing to eat**	Non ho niente da — — — —. — mettermi sotto i — — —.
5. **as the crow flies / in a straight line**	In linea — — — — — — / a vol d' — — — Verona è a 100 Km da Venezia.
6. **I should have kept my big mouth shut**	Ho detto qualcosa di — — —.
7. **you're telling me! / you think so? / you're not kidding!**	A chi lo — — — !
8. **everything is relative (it's easy to shine when there's no real competition around)**	Nel paese dei ciechi, il guercio — — — — — —.
9. **once doesn't make it a habit / just this once**	Una rondine non fa — — —.
10. **to be well set-up / established**	La famiglia Rossi — ha dei beni al — — —. — possiede — — —.
11. **... if my aunt had ... if pigs could fly**	Coi se e coi ma — — — — — — — — —.
12. **to bring a bottle to room temperature**	Prima di bere un buon vino, bisogna portarlo — — — — — — — — —.
13. **to eat one's heart out**	Si — rode — — — — — —. — *fa del — — — — — —.
14. **not to hold a candle to s.o.**	Non è degno di — — — le scarpe al fratello.
15. **... doesn't know when ... well off**	Gianna non si rende conto — — — — — — che ha.

ESPRESSIONI IDIOMATICHE

1. parlare l'italiano coi piedi / molto male

   He murders Italian.

2. dormire all'aperto

   Jack slept in the open air.

3. un nome difficile da pronunciare

   Guglielmo is a difficult name to say.

4. a. avere una gran sete / morire di sete

   I'm very thirsty.

   b. avere una fame da lupo / morire di fame

   I'm very hungry.

   c. non avere niente da mangiare / da mettere sotto i denti

   There's nothing to eat.

5. in linea d'aria / a volo d'uccello

   In a straight line Verona is 100 Km from Venice.

6. dire qualcosa di troppo

   I should have kept my big mouth shut.

7. a chi lo dici!

   You're telling me!

8. nel paese dei ciechi, il guercio è re

   Everything is relative.

9. una rondine non fa primavera

   Once doesn't make it a habit.

10. avere dei beni al sole / possedere immobili

    The Smiths are well set-up.

11. coi se e coi ma tutto si fa

    If my Aunt had . . .

12. portare un vino a temperatura ambiente

    Before drinking a good wine, you must bring it to room temperature.

13. rodersi il fegato / *farsi del sangue marcio

    She's eating her heart out.

14. non essere degno di lustrare le scarpe a q.

    He can't hold a candle to his brother.

15. non rendersi conto della fortuna che si ha

    Jane doesn't know when she's well off.

IDIOMS

1. **don't bite my head off! /
   cool it! / take it easy!**

   Non mangiarmi — — — .
   Non farti saltare la — — — al naso!
   C — — — !
   Non te la p — — — !

2. **to work hand in glove with**

   E' d' — — — / in — — —
   se l' — — — con i poliziotti.

3. **to bring the house down
   / to be a smash-hit**

   Ha — ottenuto un — — —   — — —
      — suscitato un'esplosione — — —   — — — .

4. **make yourself at home!**

   Fai come a — — —   — — — !
   Mettiti a tuo — — — !

5. **it isn't to be sneezed at**

   Non è — da — — — .
      — *da — — —   — — — .

6. **wait till it blows over**

   Lascia che le acque si — — — .

7. **to have a hangover**

   Stamattina ho   — la bocca — — — .
                   — un — — — alla testa .
                   — la testa — — — .

8. **to bend over backwards
   / to put oneself out /
   go all out**

   Per aiutarla,
      — mi farei — — —   — — — .
      — farei di — — — .
      — farei tutto il — — — .
      — farei del mio — — — .
      — mi darei tanto da — — — .

9. **it's on me / my treat**

   Te l' — — —   — — —
   — — — io.
   Tocca — — —   — — — .

10. **to hold out on s.o.**

    Nascondere le proprie — — — .
    Non scoprire — — —   — — —   — — — .

11. **to pay s.o. back / to
    get even**

    Gli renderò — pan — — —   — — — / la — — — .
    Lo ripagherò con la stessa — — — .

12. **to know all the ins and outs**

    Conosco le cose — a — — — .
                    — in lungo e — — —   — — — .

13. **make it short / short and
    sweet**

    Ogni bel gioco — — —   — — — .
    Taglia — — — !

ESPRESSIONI IDIOMATICHE

1. non mangiarmi vivo!
   non farti saltare la mosca
   al naso! / calmati ! / non
   te la prendere!

   Don't bite my head off!

2. essere d'intesa / in combutta
   / intendersela

   He works hand in glove with the cops.

3. ottenere un successo
   strepitoso / suscitare
   un'esplosione di applausi

   He brought the house down.

4. fai come a casa tua! /
   mettiti a tuo agio !

   Make yourself at home!

5. non è da disprezzarsi /
   *non è da sputarci sopra

   It isn't to be sneezed at.

6. Lascia che le acque si
   calmino

   Wait till it blows over.

7. avere la bocca impastata /
   un cerchio alla testa / la
   testa pesante (dopo una
   sbornia)

   This morning I have a hangover.

8. farsi in quattro / fare di
   tutto / tutto il possibile /
   del proprio meglio / darsi
   tanto da fare

   I'd bend over backward to help her.

9. te l'offro io / pago io /
   tocca a me

   It's on me.

10. nascondere le proprie
    intenzioni / non scoprire
    le proprie carte

    You're holding out on me.

11. rendere pan per focaccia /
    la pariglia / ripagare q.
    con la stessa moneta

    I'll get even.

12. conoscere a fondo / in
    lungo e in largo

    I know all the ins and outs.

13. ogni bel gioco dura poco /
    taglia corto!

    Make it short!

IDIOMS

1. **to draw stg. out of s.o.**

Mi ha — strappato — — — — — —.
— indotto a — — —.
— *fatto — — —.

2. a. **to put one's foot down**

Quando ritornerà,
— si farà — — —.
— punterà — — — — — —.
— stringerà — — — — — —.

b. **the heat's on**

Si mette — — — !
La rete si — — —.

3. **it's not worth the paper it's written on**

Non vale — un — — — —.
— *un fico — — —.
Vale meno — — — — — —.

4. **to make a clean sweep**

Si sono sbarazzati — — — — — —
Hanno fatto — piazza — — —
— tabula — — —
e hanno deciso di ricominciare.

5. **to spell stg. out**

Devo dirlo in modo — — — ? / mettere
i — — — sulle i?

6. **that's stg. to write home about**

E' da prenderne — — —.

7. **to have a stag party to celebrate one's wedding**

Sabato sera, darà l'addio — — — — — —.

8. **to get ready / wash**

Per — — — — — — impiego sempre molto
tempo.

9. a. **sleep easy!**

Puoi dormire — — — / fra due — — —.

b. **don't worry about it!**

Non — — — !

c. **that's a load off my mind**

Ah! Mi hai tolto un gran — — — — — —
— — —.

10. **that takes some doing!**

Ci vorrà un bel — — — !
Non sarà una — — — — — — !

11. a. **to keep s.o. waiting**

Mi ha fatto — — — nella strada.

b. **to be kept waiting / hanging around**

Ho aspettato a — — — — — — — — —.

12. **it's open to anyone / anyone can go in**

E' come un — — — — — — — — —.

ESPRESSIONI IDIOMATICHE

1. strappare un segreto / indurre a parlare / *far cantare q.	He drew it out of me.
2. a. farsi valere / puntare i piedi / stringere i freni a q.	When he comes back, he's going to put his foot down.
b. si mette male / la rete si stringe	The heat's on.
3. non vale un soldo / *un fico secco / vale meno di niente	It's not worth the paper it's written on.
4. sbarazzarsi di tutto / fare piazza pulita / tabula rasa	They made a clean sweep and decided to start again.
5. dire in modo esplicito / mettere i puntini sulle i	Do I have to spell it out?
6. è da prenderne nota	That's something to write home about.
7. dare l'addio al celibato	Saturday night he's going to have a stag party to celebrate his wedding.
8. *far toeletta	It always takes me a long time to get ready.
9. a. puoi dormire tranquillo / fra due guanciali	Sleep easy!
b. non preoccuparti	Don't worry about it!
c. togliere un gran peso dal cuore	Wow! That's a load off my mind.
10. ci vorrà un bel po'! non sarà una cosa facile	That takes some doing!
11. a. fare aspettare q.	He kept me waiting in the street.
b. fare aspettare a lungo in piedi	I was kept waiting.
12. è come un porto di mare	Anyone can go in.

150

BUSINESS TERMS

BUSINESS TERMS

1. assets ≠ liabilities	attivo ≠ passivo
2. a. assembly line	catena di montaggio
b. mass production ≠ hand-made	lavoro in serie ≠ fatto a mano
3. balance sheet	bilancio di esercizio
4. to balance the books	pareggiare i registri contabili
5. a. bank rate	tasso bancario
b. minimum lending rate	tasso minimo su mutuo
c. rate of exchange	tasso di cambio
d. compound interest	interesse composto
6. a. bankruptcy	bancarotta, fallimento
b. go bankrupt	dichiarare fallimento
7. a. bargain	un affare vantaggioso
8. a. a bid, to bid	un'offerta, fare un'offerta (all'asta)
b. auction sale	vendita all'asta
c. the highest bidder	il miglior offerente
9. board meeting	riunione del consiglio di amministrazione
10. book-keeping, accounting	la contabilità
11. a brief, briefing	una relazione
12. errand boy	fattorino
13. a. cash-down, deposit	pronta cassa, la caparra
b. instalment	rata
14. a. to print	stampare
b. a printer	un tipografo
15. department store	un grande magazzino
16. a. a discount	un ribasso
b. something off	uno sconto
17. estate	il patrimonio, la proprietà immobiliare, la tenuta
18. estate agency	agenzia immobiliare
19. estimate	preventivo
20. to endorse	girare (un assegno)

TERMINI COMMERCIALI

1. face value	valore nominale
2. a. to load ≠ unload	caricare ≠ scaricare
b. freight, cargo	il nolo, il carico (di nave)
3. please advise	per favore avvisare
4. a. forwarding agent	spedizioniere
b. shipper	spedizioniere marittimo
5. under separate cover	in plico a parte
6. gold standard	parità aurea
7. goodwill	clientela, avviamento
8. a. stock-market	la Borsa
b. stockbroker	agente di cambio
c. a share, stock	un'azione, un titolo
9. a. an investment	un investimento di denaro
b. to invest	investire (capitali)
c. investor, backer	capitalista, avallante
10. gross profit ≠ net profit	utile lordo ≠ utile netto
11. a loan	un prestito, un mutuo
12. seniority	anzianità
13. wholesale ≠ retail	vendita all'ingrosso ≠ vendita al dettaglio
14. freight prepaid ≠ freight collect	porto franco ≠ porto assegnato
15. a. ex-works	franco officina, franco fabbrica
b. FOB	franco a bordo
16. acknowledgement of receipt	accusare ricevuta
17. to hire, take on ≠ to fire, lay-off, sack, to oust, to give the boot, the axe	assumere, ingaggiare ≠ licenziare, congedare, *scacciare, mettere alla porta, *sbattere fuori, mandar via
18. to honour an obligation	mantenere un impegno
19. IOU	pagherò
20. a merger	una fusione (di aziende)
21. middle man	intermediario, mediatore

BUSINESS TERMS

1. a. mortgage	ipoteca
b. a lease	un contratto di affitto
2. overall picture	panorama globale
3. a. the output	la produzione
b. turnover	giro d'affari
4. overhead	spese generali
5. a. parent company	casa madre
b. branch office	succursale
6. poll	sondaggio
7. power of attorney	procura
8. quota	quota
9. dry dock	bacino di carenaggio
10. a. rent	affitto
b. to sublet	subaffittare
11. a deal	una trattativa, un accordo, un affare
12. a. to rig	falsificare, truccare, ingannare
b. a bribe	una bustarella, una tangente
c. a kickback	un sottobanco
13. a. discount bank	banca di sconto
b. checking, or bank account	conto in banca
c. savings bank	cassa di risparmio
14. to arrive at a settlement	giungere a un accordo
15. security	una garanzia, una cauzione
16. schedule	programma, prospetto con indicazione delle scadenze
17. silent partners	soci capitalisti
18. sliding scale	scala mobile, indennità di contingenza
19. slump, recession, downward trend ≠ hike, boom, upward trend	tracollo, recessione, tendenza al ribasso ≠ ascesa, tendenza al rialzo
20. to smuggle	fare del contrabbando

TERMINI COMMERCIALI

1. a. to sue	citare in giudizio, querelare
b. a suit	un processo, una causa
2. we have duly received . . .	abbiamo regolarmente ricevuto . . .
3. witness	testimone
4. a. expense account	nota spese
b. expenditure	spese
5. a. trade union	sindacato
b. to strike	scioperare
6. COD ≠ prepaid	contrassegno ≠ franco di porto
7. tenure	periodo di godimento
8. due on	con scadenza al . . .
9. a. to underwrite	sottoscrivere
b. to subsidize	sovvenzionare
10. a. a voucher	un (documento) giustificativo
b. to vouch	giustificare
11. working capital	capitale d'esercizio
12. to write off	ammortizzare, passare in conto Perdite e Profitti
13. a steady demand	una domanda sostenuta
14. it's worthwhile	vale la pena
15. working to capacity	lavoro a pieno ritmo
16. it's a "must"	è da fare assolutamente, è obbligatorio
17. remittance, to remit	rimessa di denaro, effettuare un pagamento
18. a claim, to claim	un reclamo, reclamare
19. at a loss to understand	non capire proprio
20. to take for granted	accettare (senza discussione), ritenere ovvio
21. to have market potential	avere un mercato potenziale
22. to thrash out	discutere a fondo
23. to break ground	iniziare a lavorare in un nuovo settore
24. a backlog	un lavoro arretrato, in sospeso
25. to keep pace with	tenere il passo

BUSINESS TERMS

1. supply and demand	la domanda e l'offerta
2. a. trial order	un ordine di prova
b. sample	campione
3. a lead, a tip	un'informazione riservata, *una soffiata
4. leaflet, folder brochure	un foglietto propagandistico, un volantino pubblicitario, un opuscolo
5. shortcomings, flaws	difetti, imperfezioni
6. spare parts	pezzi di ricambio
7. to match in price	essere competitivo nel prezzo
8. bill outstanding, overdue ≠ paid up	fattura insoluta, scaduta ≠ pagata
9. to overbuy	comperare troppo
10. a brainwashing	un lavaggio del cervello
11. key money	buonuscita, diritto di subentro
12. shopkeeper	commerciante
13. range	serie
14. an ad	un'inserzione
15. a gimmick	un trucco
16. to file a tax return	compilare la dichiarazione dei redditi
17. by return mail	a stretto giro di posta
18. at your disposal	a vostra disposizione
19. please find enclosed ...	allego alla presente ...
20. a follow-up letter	lettera di sollecito
21. liable/subject to duty	soggetto a diritti, a imposta
22. a. bank note	banconota
b. bill of exchange, draft	cambiale, tratta
23. maintenance	assistenza tecnica, manutenzione
24. hard cash	contanti
25. filing cabinet	schedario
26. departmental head	capo servizio
27. to entrust to, confide in	affidare a, confidare in
28. to leave a message (May I leave a message? —I'll refer your message.)	lasciar detto (Posso lasciar detto? —Mi lasci detto e riferisco.)

TERMINI COMMERCIALI

1. a. pay-roll	libro paga
b. pay-sheet, pay-slip	foglio paga
2. unless otherwise stated	salvo avviso contrario
3. we would appreciate ... would you be so kind as to ...	vi saremmo grati se ... vorreste essere così gentili da ...
4. deed	atto su carta bollata
5. a. handle with care, fragile	maneggiare con cura, fragile
b. damaged	danneggiato
6. a. cost price	prezzo di costo
b. list price	prezzo di listino
c. at any price	a qualunque prezzo
d. average price inclusive	prezzo medio globale
7. free of charge	gratuito, gratis
8. to refund, reimburse	rimborsare, risarcire
9. letter of apology	lettera di scuse
10. letterhead	carta intestata
11. a. yours faithfully	vogliate gradire i nostri migliori saluti
b. sincerely yours	Cordiali saluti.
c. very truly yours	Distinti saluti.
b. best regards	Con i migliori saluti
e. warmest personal regards	Saluti affettuosi
f. fondly	affettuosamente
g. love (and kisses)	baci ed abbracci

TYPICAL MISTAKES

TYPICAL MISTAKES

Translate or correct:

1. a. I have lived in Paris for ten years.

   _____

   b. They have been married for six months.

   _____

2. They were very successful in Rome.

   _____

3. Vado al parrucchiere e poi al dottore.

   _____

4. Ora chiedo mia moglie.

   _____

5. He took me to that restaurant last week.

   _____

6. L'ha rubato dalla ditta.

   _____

7. The police came and asked many questions.

   _____

8. More bread, please (restaurant).

   _____

9. No more, thank you. I've had sufficient.

   _____

10. Vengo!

    _____

11. C'erano cinquanta genti.

    _____

12. Era accompagnato per sua moglie.

    _____

13. Lo ho chiesto. (I asked him.)

    _____

14. Non la parlo.

    _____

15. Lo lasci con mia madre.

    _____

16. L'ho sentito sulla radio.

    _____

17. Non può essere aiutato.

    _____

18. E' ciò che mi interessa.

    _____

SBAGLI TIPICI

1. a. Abito a Parigi da dieci anni.
   Or: sono dieci anni che abito a Parigi.

   b. Sono sposati da sei mesi.

2. Avevano molto successo a Roma (to be successful = avere successo).

3. Vado dal parrucchiere e poi dal dottore.

4. . . . a mia moglie

5. Mi ha portata . . . (never: prendere).

6. Rubato a . . .

7. La polizia è venuta e ha fatto molte domande (police-singolare: fare una domanda).

8. Ancora del pane per favore.

9. Basta grazie. Ho mangiato abbastanza. (*sono pieno).

10. I'm coming.

11. . . . cinquanta persone . . .

12. . . . accompagnato da . . .

13. Gli ho chiesto.

14. Non le parlo (for women)

15. Lo lasci a . . .

16. L'ho sentito a . . .

17. E' inevitabile.

18. Ciò che mi interessa è . . .

19. Ho comperato questo
    libro nella biblioteca
    qui vicino.

_____

20. Penso spesso di Lei.

_____

21. —Ha un bel vestito.
    —Grazie.

_____

22. The book is selling well.

_____

23. Sono contento con ciò
    che ha fatto.

_____

24. Her hair is black.

_____

25. We'll have lunch at noon.

_____

26. He plays cards all day.

_____

27. Temo che ti ho fatto
    un dispiacere.

_____

28. a. Whose book is this?

_____

   b. She's the woman whose
      husband was wounded
      in the war.

_____

29. a. la posta/il posto.

_____

   b. la morale/il morale.

_____

   c. la critica/il critico.

_____

   d. la vela/il velo.

_____

30. a. If I have money, I'll go.

_____

   b. If I had . . . I'd go.

_____

   c. If I had had . . . I'd have
      gone.

_____

31. Le macchine europee sono
    meno presto.

_____

32. Mi telefoni affinchè io
    posso sapere.

_____

SBAGLI TIPICI

19. . . . dal libraio (biblioteca = library).

20. . . . penso a . . .

21. The Italians rarely say "grazie" after a compliment. "Le piace?" or "davvero?" are often used.

22. Il libro si vende bene.

23. Sono contento di ciò che ha fatto.

24. Ha i capelli neri (hair = plural).

25. Mangeremo a mezzogiorno.

26. Gioca a carte tutto il giorno.

27. Temo di averti fatto . . .

28. a. Di chi è questo libro?

    b. E' la donna il cui marito è stato ferito durante la guerra.

29. a. post office/seat, place.

    b. morality/good mood.

    c. a review/critic.

    d. a sail/a veil.

30. a. Se ho i soldi, vado.

    b. Se avessi i soldi, andrei.

    c. Se avessi avuto i soldi, sarei andato.

31. . . . sono meno veloci.

32. . . . affinchè io possa . . . (subj.)

TYPICAL MISTAKES

33. You eat risotto with cheese. _____

34. I've left my raincoat at home. _____

35. Dove stiamo andando stasera? _____

36. Dipende su lui. _____

37. Abbia un buon tempo. _____

38. Che desiderate, Signora? _____

39. Poco per poco abbiamo capito. _____

40. Conosce come fare la pizza? _____

41. E' confondente.

42. L'acqua è freddo. _____

43. Lei sa come nuotare? _____

44. a. Ho male alla testa.

    b. Ha lavato le sue mani. _____

45. E' le tre e un quarto. _____

46. a. E' una cosa bellissima. _____

    b. E' una bella cosa. _____

47. a. I expect so. _____

    b. I don't expect so. _____

48. Gli domandi questa domanda. _____

49. a. I gave it to him. _____

    b. I paid him. _____

    c. I paid him five thousand lires. _____

50. Business is business. _____

51. Abbiamo avuto un disaccordo. _____

52. The news of the day is terrible. _____

53. Vado a prendere un bagno, una doccia. _____

54. E' un disappunto. _____

55. Prendo eccezione a ciò. _____

SBAGLI TIPICI

33. Il risotto si mangia col formaggio.
34. Ho lasciato l'impermeabile a casa.
35. Dove andiamo stasera?
36. . . . dipende da . . .
37. Si diverta (have a good time)!
38. Che desidera, Signora?
39. A poco a poco . . .

40. Sa fare la pizza?

41. Faccio confusione.
    Or: non ci capisco niente.
42. . . . fredda.
43. Lei sa nuotare?
44. a. Ho mal di testa.
    b. Si è lavato le mani.
45. Sono le tre e un quarto.
46. Both are correct.

47. a. Credo di sì.
    b. Credo di no.
48. Gli faccia questa domanda. (fare una domanda).
49. a. Gliel'ho dato.
    b. L'ho pagato.
    c. Gli ho pagato cinque mila lire.

50. Gli affari sono affari.
51. Non ci siamo trovati d'accordo.

52. Le notizie di oggi sono spaventose (always plural in this sense in Italian).
53. Vado a fare un bagno, una doccia.

54. . . . una delusione.
55. Faccio obiezione, non sono d'accordo.

TYPICAL MISTAKES

56. L'ho risposto. _____

57. a. Non ho soldi. _____

    b. Mi mancano soldi. _____

    c. Ho molti soldi.
      = (correct?) _____

58. They advertise in "Grazia". _____

59. E' la ragione perchè non è venuto. _____

60. E' tre chilometri da Napoli. _____

61. Ha caduto per strada. _____

62. a. Quel luogo è difficile di accesso. _____

    b. Una domanda difficile a rispondere. _____

63. E' difficile a dire e a scrivere. _____

64. a. Temo che non posso farlo. _____

    b. Temo che non può farlo. _____

65. Ha morto l'anno scorso. _____

66. Ho visitato un amico ieri. _____

67. Ero nato a New York. _____

68. Che cosa si parlava? _____

69. Sono stato qui più di nove anni. _____

70. a. E' vostra questa valigia, Signorina? _____

    b. E' vostro questo pallone, ragazzi? _____

71. Sono andato alla costa per le vacanze. _____

72. Dormono insieme da un mese. _____

73. E' possibile chiudere la finestra? _____

SBAGLI TIPICI

56. Gli ho risposto.
57. All are correct.

58. Fanno della pubblicità su "Grazia" (fare della pubblicità, fare un'inserzione).
59. . . . la ragione per la quale (or: per cui) . . .

60. E' a tre chilometri da Napoli.
61. . . . è caduto . . .
62. a. Quel luogo è di difficile accesso.

    b. Una domanda a cui è difficile rispondere (or: una domanda di difficile risposta).
63. E' difficile da dire e da scrivere.
64. a. . . . di non poterlo fare (same subject).

    b. . . . che non possa . . . (subj.) . . .
65. . . . è morto . . .
66. . . . fatto visita a (or: andare a trovare; visitare = only for monuments, towns).
67. Sono nato = I was born.
68. Di che cosa si parlava? (What were we talking about?)
69. Sono qui da più di . . . (I have been here for more than nine years.)
70. a. E' Sua questa valigia, Signorina?

    b. This is correct.

71. . . . al mare . . .

72. Vanno a letto insieme . . . (or vivono insieme . . .)
73. Posso (può) chiudere . . . ?

74. Ho avuto un sogno la notte scorsa.

_____

75. Entrò la stanza.

_____

76. Dinner (lunch) is ready.

_____

77. a. Please give me some water.

_____

    b. I don't want water.

_____

    c. Some cold water, please.

_____

78. E' sul tavolino vicino la finestra.

_____

79. a. I think so.

_____

    b. I think I can do it.

_____

    c. I think he can do it.

_____

80. I called him yesterday.

_____

81. I watched T.V. each day after supper.

_____

82. What do you want me to do?

_____

83. Sono riuscito nel farlo.

_____

84. a. She's a good friend of mine.

_____

    b. Mia amica Carolina è molto bella.

_____

85. Write in case you need help.

_____

86. a. I miss my family.

_____

    b. I'm missing one.

_____

87. Fumo mai.

_____

88. Glielo ha mostrato.

_____

89. a. —I go to Italy on holiday.
     —So do I.

_____

    b. —I like spaghetti very much.
      —So do I.

_____

    c. —She doesn't like potatoes, neither do I.

_____

SBAGLI TIPICI

74. Ho fatto un sogno . . .

75. Entrò nella . . .
76. A tavola!
77. a. L'acqua per favore.

   b. Non voglio acqua.
   c. Dell'acqua fresca per favore.
78. . . . vicino alla . . .

79. a. Penso di sì.
   b. Penso di poterlo fare.
      (Infinitive when the same subject.)
   c. Penso che possa farlo (pensare + subj.).
80. Gli ho telefonato ieri.
81. Guardavo la T.V. ogni giorno dopo cena.
    ("Imperfetto" for repeated action.)
82. Che cosa vuole che io faccia? (volere +
    subj.).
83. Sono riuscito a farlo.
84. a. E' una mia buona amica.

   b. La mia amica Carolina è molto bella.

85. Mi scriva se ha bisogno di aiuto.
86. a. Sento la mancanza della famiglia.
   b. Me ne manca uno.
87. Non fumo mai.
88. He (she) showed it to him (her).
89. a. — Vado in Italia per le vacanze.
      —Anch'io.

   b. —Mi piacciono molto gli spaghetti.
      —Anche a me. (piacere a . . .)

   c. Non le piacciono le patate, nemmeno
      a me. (you don't have to repeat the
      verb in Italian).

TYPICAL MISTAKES

90. E' un uomo molto grande. _____

91. I want to finish before he comes. _____

92. E' molto bravo in inglese. _____

93. Vorrei che tu eri qui. _____

94. uomo, dito, uovo, centinaio (give plural) _____

95. direttore, dattilografo, autore, poeta, re, uomo, marito, fratello (give feminine) _____

96. Mi ha dato uno schiaffo dopo il quale è andato via. _____

97. Lei conosce i tempi dei treni? _____

98. Translate: stranger, foreigner, acquaintance _____

99. Ci stiamo avvicinando Roma. _____

100. Vuole che ci vado? _____

SBAGLI TIPICI

90. E' un uomo molto alto.
91. Voglio finire prima che venga. (subj.).

92. He's very good at English. (bravo = good not brave)
93. Vorrei che tu fossi qui.
    (past subj. after "vorrei")
94. uomini, dita, uova, centinaia

95. direttrice, dattilografa, autrice, poetessa, regina, donna, moglie, sorella

96. . . . dopo di che = after which

97. . . . gli orari . . .

98. forestiero, straniero, conoscenza

99. Ci stiamo avvicinando a . . .

100. Vuole che ci vada? (subj.).

ADVERBS AND PHRASES

ADVERBS AND PHRASES

1. hardly, barely, scarcely, no sooner	difficilmente, a stento, appena, a fatica
2. anyway, anyhow, all the same	in ogni modo, comunque, lo stesso
3. one out of five	uno su cinque
4. on purpose	di proposito, apposta
5. in any case, at any rate	comunque, in ogni caso, a qualunque costo
6. however	tuttavia, però
7. immediately, right now, at once	immediatamente, all'istante, subito
8. although	sebbene
9. in spite of, despite	malgrado, nonostante
10. together	insieme
11. any more, any longer	non più
12. every other week	a settimane alterne, una settimana sì e una no
13. regardless, whatever, no matter what	qualunque, qualsiasi cosa (sia)
14. besides, what's more, furthermore, moreover	inoltre, per di più
15. for good, forever	definitivamente, per sempre
16. all day long	tutto il giorno
17. on the whole, by and large	nel complesso, nell'insieme
18. nowadays	al giorno d'oggi
19. briefly, to make a long story short, in a nutshell	in poche parole, in breve, in sunto
20. a little while ago, in a little while	poco fa (passato), tra poco (futuro)
21. beyond	oltre
22. as far as, as regards	quanto a, per quanto riguarda, per quanto concerne
23. by all means ≠ not at all	senz'altro! certo! ≠ affatto! nemmeno per sogno!
24. as a matter of course	naturalmente, come è logico
25. of late, lately	ultimamente
26. at times	a volte

AVVERBI E LOCUZIONI

27. it still remains that	fatto sta che, ciò non toglie che
28. afterwards	dopo, successivamente
29. sooner or later	prima o poi
30. at first, from the first	per prima cosa, dall'inizio
31. eventually	alla fine
32. definitely	sicuramente
33. by (June)	di qui a (giugno)
34. all over, everywhere	dappertutto, ovunque
35. as of, from . . . on	a partire da, fin da
36. this time next week	tra una settimana, oggi ad otto
37. actually, as a matter of fact	veramente, in realtà
38. if not, or else	se no, altrimenti
39. short-lived	di breve durata
40. the following night	la sera seguente
41. shortly before	poco tempo prima
42. off and on, from time to time	di tanto in tanto, di quando in quando
43. apart from	a parte, oltre a, a prescindere da
44. for the sake of argument	tanto per discutere
45. hence, thus, therefore	perciò, quindi, dunque
46. that's a case in point, for instance	a titolo d'esempio, per esempio
47. it's likely that, liable that	è probabile che, possibile che
48. round about, approximately, just about	all'incirca, approssimativamente, pressappoco, più o meno
49. owing to, due to	a causa di
50. prior to	prima di
51. in the same way, similarly, likewise	nello stesso modo, similmente, analogamente
52. altogether, completely, through and through	totalmente, completamente, del tutto
53. no wonder	nessuna meraviglia se
54. first and foremost	prima di tutto, con precedenza assoluta a

55. presumably	presumibilmente, probabilmente
56. once and for all	una volta per tutte
57. of long standing	di vecchia data
58. somehow	in qualche modo
59. all the more	tanto più
60. as we go along	man mano (che)
61. as for, as far as . . . goes	in quanto a, per quanto riguarda
62. in the midst of	nel mezzo di
63. above all	soprattutto
64. on the verge of, about to	sul punto di, in procinto di
65. we might as well go	tanto varrebbe andare
66. if so	in questo caso, se è così
67. an hour or so	circa un'ora
68. ages ago	molto tempo fa
69. by far	di gran lunga, di molto
70. unless	a meno che
71. by the day, month, etc.	a giornata, a mese, etc.
72. on top of that, to boot	inoltre, per giunta, in più
73. in due time	a tempo debito
74. in a row	di fila
75. as a rule, generally	di solito, generalmente, in linea di massima
76. the next to the last (day, etc.)	il penultimo (giorno, etc.)
77. endless	interminabile
78. (ten things) at once	fare molte cose contemporaneamente (fare cento cose insieme)
79. in the long run	a lungo andare
80. few and far between	rari e distanziati
81. just in case	nel caso che, per ogni evenienza
82. pre/post (war, etc.)	ante/dopo (guerra, etc.)
83. the point is . . .	il fatto è . . .

AVVERBI E LOCUZIONI

84. in no time at all	in un batter d'occhio
85. all things considered, all in all	tutto sommato, tutto considerato
86. a. ex	ex
b. late (husband, etc.)	defunto (marito, etc.)
87. needless to say	inutile a dirsi
88. without fail	senz'altro
89. what else?	che altro?
90. over three years, more than	più di tre anni
91. since, given that	poichè, dato che
92. bearing in mind	tenendo presente
93. to such an extent that	a tal punto che
94. as long as, in so far as	finchè, nella misura in cui
95. so as to (not to)	così da (da non)
96. on the assumption that, assuming that	nell'ipotesi, nel caso che
97. all things being equal, taking all into consideration	stando le cose alla pari, se si prende tutto in considerazione
98. with this in mind	con questa intenzione
99. that's what I was getting at	questo è dove volevo arrivare
100. while we're about it	già che ci siamo
101. notwithstanding	nonostante
102. even so	anche se è così
103. a. however (rich) he may be	per quanto (ricco) possa essere
b. however (hard) I work	per quanto (sodo) io lavori (subj.)
104. if only	se solo
105. throughout the year	per tutto l'anno
106. at random	a caso
107. in vain, it's useless	invano, è inutile
108. let alone	senza parlare di, senza contare
109. whereas	mentre
110. ever so little	molto poco, talmente poco

ADVERBS AND PHRASES

111. herewith	qui allegato, qui accluso
112. far from it!	tutt'al contrario!
113. for many a year	per un bel po' di anni
114. if worse comes to worst	nella peggiore delle ipotesi
115. but for . . .	se non fosse per . . .
116. on the spot	sul posto, immediatamente
117. /sideways/inside out/ upside down	di sbieco/alla rovescia/sottosopra
118. a. no matter what, whatever	qualunque cosa, qualsiasi cosa
b. no matter which, whichever	uno qualunque
c. no matter when, whenever	in qualunque momento, ogni volta che
119. mainly	principalmente
120. so many dollars	tanti dollari
121. after a fashion	alla meglio, in qualche modo
122. for a while	per un certo tempo
123. beforehand	anticipatamente
124. indeed	difatti
125. the sooner, the better	prima è, meglio è
126. at the utmost	tutt'al più
127. so far, up to now	finora, fino a qui
128. on the other hand	d'altra parte
129. among	tra, in mezzo a
130. otherwise	altrimenti, se no
131. instead of	invece di, anzichè
132. a. the day before yesterday	l'altro ieri
b. the day after tomorrow	dopodomani
133. in the meantime, in the meanwhile	nel frattempo, intanto
134. so that	affinchè

AVVERBI E LOCUZIONI

135. suddenly, all of a sudden	ad un tratto, all'improvviso
136. at any moment	da un momento all'altro
137. needless to say	inutile a dirsi, va da sé
138. all the more reason	a maggior ragione
139. as far as I know	per quel che ne so, per quel che mi consta
140. to all intents and purposes	a tutti gli effetti
141. happily, luckily by chance	fortunatamente
142. short/long term	a breve/a lunga scadenza
143. in relation to	in merito a
144. when all's said and done	alla fine, detto e fatto tutto, esaurito tutto quello che c'era da dire e da fare

WORDS AND EXPRESSIONS 'NOT TO SAY'

Why this list?

a) To understand, and therefore be in a position to avoid, words having a double meaning which might shock.

b) To understand certain modern writers, whose vocabulary is particularly colourful, and also modern films and records.

c) To have an uncensored vocabulary — if you want one.

1. bitch	cagna, puttana, troia, bagascia
2. to neck, smooch, pet	sbaciucchiarsi, pomiciare
3. to be on the make, pick s.o. up	andare a donne, caricare in macchina, rimorchiare
4. to be stacked, well padded, a good-looking tomato	è ben tornita, ultradotata, bbona, una cannonata, che forme! che chiappe! tutta curve, fica
5. to raise hell	fare un casino del diavolo, della madonna
6. all hell is going to break loose	scoppierà un casino
7. he's an ass, a jackass	è stronzo, coglione
8. a. tits	bottoncini
b. boobs, boobies	poppe, tette, zinne
c. falsies	tette finte
9. /to bitch/stop bitching!	/sbraitare, berciare/smettila di sbraitare!
10. to come	godere, venire
11. hooker, whore, slut	puttana, battona, mignotta, zoccola
12. to be as flat as a board, as a pancake ≠ big-busted	essere piatta come un'asse, come una sogliola ≠ essere formosa, popputa, tettona, avere un bel davanzale
13. go to hell, get the hell out, fuck off, screw you!	va all'inferno, al diavolo, fuori dai piedi, a farti fottere, vaffanculo!
14. lousy, crappy, shitty	schifoso, lercio, sozzo, merdoso
15. a pimp	un magnaccia, un pappone
16. shit! crap!	merda!
17. to shit	cacare, far la cacca
18. rubber, Durex	preservativo, guanto
19. to be hard-up, horny, sex-starved	essere a corto (di donne), essere arrapato
20. a bastard, louse, shithead, son of a bitch, bugger	un ruffiano, testa di cazzo, figlio di mignotta, porcaccione
21. a. ass, arse	culo
b. can	le chiappe (backside = il sedere)
c. to swing one's ass	sculettare
22. a hell-raiser	un casinista
23. they have him by the balls	fottere (si è fatto . . .)

'NOT TO SAY'

24.	for Chrissakes!	cristo! porco d . . . ! ostia!
25.	he's a good lay	fa bene l'amore, scopa bene
26.	to get an eyeful	lustrarsi la vista, guardare là
27.	to lick s.o.'s boots	leccare il culo, i piedi
28.	to give s.o. the clap	attaccare lo scolo a q.
29.	to take a leak, a piss	pisciare
30.	they made him eat it, sweat it	glielo hanno fatto ingoiare, gli hanno rotto l'anima, gli hanno scassato il cazzo
31.	he's a fucking worthless individual	non vale un cazzo
32.	/fuck off!/screw you! /go fuck yourself/he can shove it!	/va a farti fottere!/mi fai girare le palle, mi rompi i coglioni, il cazzo/vada a farsi friggere!
33.	to kick up a stink	piantare una grana
34.	to be an easy lay, put out for anyone, a push-over, nympho	la si scopa facilmente, è una che ci sta, è una ninfomane
35.	she's hot stuff, a sexpot	è eccitante, arrapante, (civetta = tease)
36.	a b-girl, a floozy	un'entraineuse
37.	to have the curse, period	essere in quei giorni, avere il marchese, avere le proprie cose
38.	to be knocked up/have a bun in the oven	essere gravida, pregna, avere il pancione
39.	you look like hell	hai un brutto muso
40.	to be as boring as hell	stufare a morte, rompere il cazzo, far girare le palle
41.	/an old bitch/goat, old buzzard	/una sozzona/un vecchio sozzo, un vecchio mandrillo
42.	to be scared shitless	cagorsi sotto, farsela addosso (dalla paura)
43.	to fart, pass wind	scoreggiare, fare puzze, pernacchie, quagliare
44.	balls, nuts	coglioni, palle
45.	I'm up shit's creek	sono nella merda
46.	asshole	buco del culo
47.	wolf, fast guy	donnaiolo, pappagallo, mandrillo
48.	he made her, had her, scored with her	ci ha fatto l'amore, l'ha scopata, l'ha chiavata, se l'è fatta
49.	to have a hard on	avere un'erezione, venire il cazzo duro

'NOT TO SAY'

50. cock, tool, prick	cazzo, uccello, pisello, nerchia, banana
51. to make it, to go all the way, shack up	fare (l'amore), andare fino in fondo
52. I don't give a damn, a shit, a fuck	me ne sbatto, me ne importa un tubo, un fico, me ne frego, me ne strafrego, me ne fotto, me ne strafotto
53. shut the hell up, fuck off, shove it	chiudi il becco, piantala, trotta! va a quel paese! va farti fottere! fuori dai piedi! vaffanculo! fila!
54. a lousy trick	un tiro sporco, una carognata
55. to lay, bang	fottere, scopare, andare in camporella
56. she got laid	si è fatta scopare, chiavare, montare
57. /dyke, lesbian/fag, faggot	/lesbica/finocchio, frocio, dama, checca
58. a hell of a nice guy, a fucking nice guy	un tipo maledettamente in gamba, un tizio che va bene
59. he balled it up, screwed it up, fucked it up	ha fatto castronerie, si è messo in un gran casino, si è cacciato nella merda
60. dead-drunk, loaded, blind, soused	ubriaco fradicio, sbronzo, ciucco, ha preso una sbornia
61. to be full of hot air, bullshit	raccontare un sacco di fregne, dir fregnacce
62. hickie	succhiotto
63. to goose s.o.	inculare
64. to go down on s.o., blow s.o., to suck	fare un pompino, bocchino, ciucciare
65. whorehouse, cathouse	casino, bordello
66. he has a screw loose	è suonato, tocco, picchiato
67. she's knocked around	quella ha girato molto
68. a pig (cop)/bobby	/sporco poliziotto, piedipiatti, (plural: pula, madama. ex: Occhio! arriva la madama!) /pizzardone, ghisa, capabianca (region.)
69. in jail	al fresco, in gattabuia, in galera, in villeggiatura
70. I'll be damned if . . .	che il diavolo mi porti se . . . mi venga un colpo se . . .
71. you're a pain in the ass	mi rompi . . . (le palle, i coglioni, il cazzo)
72. he's shooting his mouth off	dice coglionate, stronzate, dà i numeri

'NOT TO SAY'

73.	they kicked his face in	gli han rotto il muso
74.	to have wet dreams	bagnare le lenzuola
75.	it stinks	puzza
76.	to stuff one's face	abbuffarsi, sbafarsi, strafogarsi
77.	to drag one's ass	tirarsi dietro la carcassa
78.	a. yid	giudeo, ebreo, strozzino
	b. chink	muso giallo (cinese)
	c. wop: North-Italian	polentone
	South-Italian	terrone, marocchino
	d. kraut	crucco, tognino
	e. nigger	negro
	f. jap	muso giallo (giapponese)
	g. whitey	viso pallido, biancuzzo
79.	cunt, a piece	fica, fregna, passera, patatina
80.	to masturbate	farsi una sega, tirarsi una pippa
81.	a French kiss, soul kiss	una slinguata
82.	to be hot, all hot and bothered	avere il fuoco nel sedere, essere in calore
83.	the head	cesso/pisciatoio
84.	to screw, to fuck	chiavare, scopare, fottere
85.	to croak	crepare, tirare le cuoia
86.	to jerk off	venirsene
87.	that's a lot of shit	è un mucchio di merda
88.	lucky bastard	fottuto bastardo, ha culo